如果妈妈像疗愈师那样和孩子游戏、对话

# 做成就孩子的
# 治愈系妈妈

一本在韩国乃至全亚洲具有开创性的著作！
发现母性中天然的疗愈力！重新定义妈妈的意义！

（韩）李林淑 著 李小晨 译

漓江出版社

桂图登字：20-2014-315

图书在版编目（CIP）数据

做成就孩子的治愈系妈妈：如果妈妈像疗愈师那样和孩子游戏、对话 /（韩）李林淑著；李小晨译 .—桂林：漓江出版社，2016.4

书名原文：Don't hurt me, mom!–Mother could be the best theraphist

ISBN 978-7-5407-7774-6

Ⅰ.①做…　Ⅱ.①李…②李…　Ⅲ.①家庭教育　Ⅳ.① G78

中国版本图书馆 CIP 数据核字（2016）第 071516 号

## 做成就孩子的治愈系妈妈：如果妈妈像疗愈师那样和孩子游戏、对话

著　　者　（韩）李林淑

译　　者　李小晨

责任编辑　周群芳

封面设计　红十月设计工作室

责任监印　周　萍

出 版 人　刘迪才

出版发行　漓江出版社

社　　址　广西桂林市南环路 22 号

邮　　编　541002

发行电话　0773-2583322　010-85893190

传　　真　0773-2582200　010-85890870-614

电子信箱　ljcbs@163.com

网　　址　http://www.lijiangbook.com

印　　制　北京大运河印刷有限责任公司

开　　本　889mm×1194mm　1/16

印　　张　14.75

字　　数　152 千字

版　　次　2016 年 5 月第 1 版

印　　次　2016 年 5 月第 1 次印刷

书　　号　ISBN 978-7-5407-7774-6

定　　价　40.00 元

# 前　言

"唉，又受伤了吧。快过来，妈妈给你看看。"

孩子的手受了伤，妈妈赶快拿来消毒药水、药膏和创可贴为孩子处理伤口。其实在孩子成长的过程中这种情况会出现很多次，孩子也正是看着妈妈的样子学会了如何给自己进行紧急处理。但是如果孩子的心受伤了呢？

实际上，比起身体，孩子的心更容易受伤。令人遗憾的是最频繁给孩子造成心灵伤害的恰恰是妈妈。起初是因为不知道自己的某些言行会让孩子受伤，而之后则是因为习惯使然。

所以希望妈妈们能够知道究竟是自己的哪些言行方面的习惯伤到了孩子，并且学会治疗这些伤口的方法。如果我们了解了方法，那么这些不好的习惯自然也会逐渐被改掉。为什么妈妈们能够为孩子治疗身体上的伤口，却不懂得如何治疗心理上的伤口呢？

至今我都忘不了大约18年前我第一次进入游戏治疗室时的情景。本来我以为游戏治疗室中一定摆满了很多能够安抚孩子内心的、特殊的玩具，但不承想打开门后却发现："啊，这是怎么回事？和家里的玩具也没有什么两样嘛，这怎么能叫游戏治疗室呢？"

要说有什么不同，那就是沙土游戏场地和排列有序的各式各样的人偶。所以在学习过程中我一直有一个疑惑，那就是："相同的游戏为什么和妈妈一起玩叫'游戏'，而和治疗师一起玩就称为'治疗'呢？"很快我便找到了答案。

其实玩具并不是最重要的，关键是在做游戏的过程中进行了怎样的对话，发生了怎样的相互作用，这才是决定对孩子产生多大影响的最重要的一环。随后我又产生了另外一个疑问，那就是："为什么妈妈们不能像心理治疗师那样陪孩子玩呢？"

- "要是妈妈能像老师那样说话就好了。"
- "我也想和妈妈一起这样玩。"
- "我妈妈从来不会为我做这些。"
- "我妈妈一定不行，因为她天生是那样的人。"
- "我不敢向妈妈提出这样的要求，怕妈妈发火。"

这是我在治疗室听到的孩子们的心里话，但妈妈们只要学习就一定可以做到。以前只是不知道所以才没有这样做，但学会了就一定能做好。

每到新学期、新学年，儿童精神科和心理咨询室就挤满了妈妈和孩子。因为孩子不能适应学校的生活，所以妈妈带孩子来做咨询和心理治疗。试想如果班主任对妈妈说"孩子在和朋友玩的时候受了点伤"，那么想必妈妈们一定会说"孩子们在一起玩受伤是很正常的。只要不是太严重，都可以在家治好"。

但如果听老师说孩子散漫，不能与其他小朋友好好相处，妈妈们则会备受打击。这时如果妈妈们能够说出"孩子最近心理有些不稳定，我会好好安慰他的"这样的话就好了。

妈妈所做的心理治疗可以既简单又有趣。既是用妈妈的爱填满孩子的心，同时也是用孩子可爱的面容填满妈妈的心。被填满的心是不会容易再受到伤害的，即便受伤了也会很快自我痊愈。每天 30 分钟，希望妈妈的治疗能够让孩子重拾幸福。

李林淑
2014 年 2 月

# 目 录
CONTENTS

# Part 1
# 伤害已成习惯

# 了解孩子内心的真实想法

▲ 妈妈，我们来玩真心话游戏吧。

● 嗯？好啊。

▲ 从我开始。妈妈你什么时候觉得最幸福？

● 嗯，和你一起聊天一起玩的时候最幸福。

▲ 现在轮到您了。

● 你昨天从学校回来得有些晚。为什么比平时晚呢？

▲ 您说的是昨天吧。就是逛了一会儿文具店。您问点别的吧。

● 就是想问你都做了些什么。

▲ 在文具店前看了一会儿同学做游戏，又在店里看了看有没有新进的贴纸。就是简单地逛了一下。现在该我问您了。妈妈，您为什么不信任我呢？

● 不是，我当然信任。我为什么不信呢？

▲ 就是因为您不信任我，所以才会借着玩真心话游戏的机会问我昨天干了什么。您为什么就不信任我呢？

● 不是的，我信任你。绝对信任你。

▲ 知道了。游戏就做到这里吧。

母女间的真心话游戏就这样结束了。孩子兴致勃勃地想要与妈妈一起做游戏，但妈妈却一门心思想要借此机会问清楚孩子的行踪。为什么妈妈不相信自己的孩子呢？是因为太爱孩子了吗？或者是真的有所怀疑？当然还是因为太爱孩子了。但是妈妈选择的方式却让孩子很伤心。

我们应该通过游戏去了解孩子的真实想法，而不是借机考问孩子。

## 妈妈们必须知道的孩子的真心话

下面我们就学着通过真心话游戏去了解一下孩子的内心。我们必须知道孩子的真实想法，因为这决定着孩子是否能够健康地成长。让我们通过下面的事例来思考一下。

● 我家 4 岁大的孩子偷偷地将其他小朋友的玩具装进自己的口袋带回了家。我发现孩子偷东西的事实后大为震惊。平时我们一向都会满足孩子的需求，可孩子究竟为什么还会这样做呢？

● 我家的孩子 5 岁了，但学写字时却一直坐不住。其他家 4 岁的小朋友都开始会写字了，我们买了最贵的教材、教具，可是孩子却没有一点兴趣。究竟是为什么呢？

● 我家孩子 6 岁了，某天他突然告诉我们说他不想上幼儿园了。之前明明还好好的，真不知道为什么突然变成这样。问他，也只是说不想去。我家孩子究竟为什么会这样反常呢？

● 我家孩子 7 岁大，但至今都不能很好地融入其他孩子当中。到了幼儿园他只是自己玩，从来不主动和其他小朋友说话。其他小朋友邀请他一起玩，他勉强玩一会儿就自己跑到一边，看书或者玩玩具。我家孩子的社交能力很是问题。为什么会这样呢?

● 我家孩子8岁开始上小学。但是开学不到一个月，老师就把我请到了学校。据她说我家孩子上课的时候总是突然站起来在教室里乱跑，让他回座位上他根本不听，还总是打其他小朋友。如果其他小朋友打他，他就会大喊大叫，并让老师帮他打其他小朋友，不管怎么劝说都不管用。究竟为什么会这样呢?

● 上了二年级后孩子总是反抗妈妈的话，一点小事就会发脾气。问为什么我们家不是富人，为什么不买一辆新车。在学校也总是惹是生非。我们尽心尽力地培养孩子，真不知道他为什么会这样。

● 我家孩子已经上三年级了，但他从没有主动地学习过，作业也是我们唠叨了才会做。看到孩子对学习这么没有兴趣，我们真的很担心。不知道是否要一直这样督促下去。其他家孩子都会自主学习，我们家孩子为什么做不到呢?

● 我家孩子四年级，常常骗我们说去补习班，但实际上却并没去。还会假借买学习用品的名义，拿钱去买玩具，甚至去电脑房玩电脑。孩子总是这样撒谎真的让我们很担心。为什么就不能说实话呢? 这样下去，不会误入歧途吧?

● 我家孩子已经五年级了，却总和小朋友吵架，还会骂弟弟。我们家没有人说脏话，恐怕是他交了不好的朋友，被带坏了。现在小学暴力问题很严重，真担心我家孩子也会被卷入其中。

● 上了六年级后，孩子一到周日就把自己关在房间里不出来。问什么也不回答，只是呆呆地坐着。以前我们不让他出去玩，他就会自己看看书，玩玩玩具，但现在却什么也不做。不知道是不是抑郁症。很多人都建议我们带孩子去医院咨询一下，但我们却不敢轻举妄动。说也说了，哄也哄了。我们带他去游乐场玩，或者叫其他小朋友到家里玩的时候，他的心情会稍微好一些，答应我们以后努力学习。但最多持续一天，就又恢复原样了。孩子不会真有什么问题吧？有时候他还会不想上学，我们真是没有办法了。

孩子们这样做的时候，究竟心里面是怎样想的呢？当孩子出现问题时，妈妈一般会有两点困惑。一是"孩子为什么会这样？"二是"孩子这样时要怎样做？"那么在妈妈们看来哪个困惑更迫在眉睫呢？

如果更想知道"孩子为什么会这样"，那说明妈妈根本不理解孩子的行为。而如果觉得"孩子这样时要怎样做"更重要，那就证明家长认为解决问题比了解孩子的想法更重要。两个问题都是妈妈们需要弄明白，需要解决的。但是为了更好地帮助孩子，显然先弄清楚孩子为什么这样做更重要。

## 胜勋心里的话

歌手李尚学的大儿子胜勋有发育障碍。小时候看到打斗的镜头，孩子就会大声地笑。正常来说孩子应该会皱眉，或者发出其他不要打架的信号，但胜勋却只是笑。爸爸妈妈也会告诉他这种镜头不应该笑，但不论说多少次都没有用。

"但是事实并不是这样。后来我们才知道孩子笑并不是因为觉得有趣，而是因为不安、不知所措，就只能用笑表现出来。本来我们应该给孩子一个拥抱，但那时我们什么也不懂。直到孩子上五年级了我们才发现。"

其实不仅仅胜勋是这样。不论孩子是否存在发育障碍，都会有自己的隐情，只是不知道要如何表达而已。因为孩子会害怕爸爸妈妈伤心，害怕爸爸妈妈知道自己的想法后感到失望、生气或是批评自己。抑或是因为担心其他事情。还有就是不知道表达的方式方法。

　　孩子反常的行为总是有原因的，千万不要说孩子"无缘无故"地怎样怎样。我们首先要做的就是找到原因，因为我们不清楚孩子是不是也像胜勋一样，由于不知道如何表达而大笑、大哭或是大发雷霆。现在是我们要弄懂孩子真实想法的时候了。

## 从妈妈的自尊心开始

面对孩子相同的举动两位妈妈做出了不同的反应。

第一位妈妈："你为什么要这样？在这么多人面前让我丢脸，要是再这样下去我可就要教训你了。"

第二位妈妈："我们××伤心了啊，生妈妈的气了吧？"

如果妈妈的自尊心十分强，试想会做出哪种反应呢？

不论怎样，如果您想要走进孩子的内心，那么我建议您选择第二种。而如果想要阻止、教训孩子的意愿更为强烈，那么请您先不要开始心理治疗。不妨先转变想法，等能够做到第二种反应后再试一试。但不论是否开始心理治疗，都希望您尽量少采取第一种做法。因为这样做不仅不利于我们了解孩子的内心，反而还会使孩子的心灵受到伤害进而将自己封闭起来。

在强烈自尊心的驱使下，我们往往很容易做出第一种反应。但请妈妈们尽量调整好自己的心态。

孩子发火或是不听话时，妈妈们当然会有所动摇。毕竟自尊心会受挫。但只要我们能够意识到"啊，是孩子的反抗让我自尊心受挫了"，那么接下来就很容易调节好自己的情绪。妈妈一旦动摇了，那么孩子就会跟着晃动，所以妈妈的镇静与包容就显得十分重要。让我们一起来帮助孩子镇定下来吧。

# 孩子为何会如此

10 岁的贤雅在和爸爸对话，而妈妈由于要照顾两个弟弟所以根本无暇顾及她。爸爸明白与其责备，不如先试图去理解孩子的想法。

孩子正在哭。

爸爸：是什么让贤雅这么不开心啊？

女儿：呜呜……

爸爸：想要得到妈妈的关心是吗？

女儿：嗯。

爸爸：可是妈妈好像不喜欢爱哭的孩子。

女儿：但只有哭妈妈才会看看我。

## 孩子问题行为背后的原因

为了从弟弟们那里夺回妈妈的注意，贤雅认为最有效的方法就是哭鼻子让妈妈伤心。而且贤雅知道这样做妈妈就会关注自己。面对孩子这样的行为，我们问她为什么哭是根本没有用的。

得益于爸爸的正确引导，贤雅表达出了自己的真实想法，也让我们知道了孩子的所思所想。不得不说贤雅是幸运的，因为她有一个能够读懂她心思的爸爸，所以才能够放心地吐露心声。但是大部分的孩子却根本不会说出原因，或者说根本没有机会说出来，所以问题越来越多。贤雅说自己这样做是为了吸引妈妈的注意。像贤雅这样的孩子会不会很多呢？孩子问题行为的背后总是有着很多心理斗争。孩子们这样做都是为了什么呢？

孩子做出问题行为并不是因为过去的种种，而是为了实现现在的目标，即现在的目标才是孩子行为的主要动机。

阿尔弗雷德·阿德勒将孩子们的问题行为解释为：为了得到想要的东西而选择的一种方法。所以心理辅导师最重要的课题就是，通过孩子们的行为发现他们真正想要得到的东西。但是大人们一般都只关心孩子做了什么错误的行为，却不关心孩子到底想要什么，只是不断地指责孩子。

结果不好的行为不但没有改掉，反而愈演愈烈，因为孩子错误地认为"只有我这样耍赖，妈妈才会听我说什么"。

孩子们耍赖任性时说出的要求往往不是孩子真正想要的。比如为了得到某个玩具哭得上气不接下气，但过不了多久又会哭着让父母买别的玩具。又或者说好再玩 30 分钟游戏，可过了 30 分钟又会哀求家长让自己再玩一会儿，或是乱发脾气。孩子真正想要的并不是眼前的某样东西，或某种诉求。因此作为智慧的母亲，我们必须懂得倾听孩子的内心。

## 问题行为背后隐藏的 4 种目的

个体心理学认为孩子的破坏性行为背后隐藏着 4 种目的，分别是获得注意或关心、争取权利或优越感、报复以及自暴自弃。(《阿德勒心理辅导》)

### 1. 获得注意或关心

如果周围没有其他人，孩子摔倒了也不会哭。本来在妈妈面前大打出手的两兄弟，妈妈一旦离开，他们便会停止下来。相反，本来只是小打小闹，如果妈妈在旁边，孩子就会故意大声争吵或哭闹。

　　孩子如果无法获得关注或关心便会哭闹、耍赖等，因为孩子们会因为受到别人的忽视而受伤。换句话说，孩子们认为其他人应该时刻以自己为中心。毕竟人们总是希望从他人那里获得关心或关注。

　　这种需求也是正常的。如果是以好的行为方式争取别人的关心，那么是会对成长带来帮助的。但如果采用了有偏差的行为，那么则会适得其反。

　　其实，出现问题行为的孩子们最初也都尝试过用建设性的方法获取大人的关心。比如独自捉迷藏、独自搭积木，或者和弟弟妹妹一起和谐地做游戏。但当孩子好好表现的时候，妈妈往往没有表现出任何关心，因为大多数妈妈都想趁着孩子听话的时候喘口气。相反，孩子们哭闹的时候妈妈则会急急忙忙跑过去。好好表现无法获得关心，哭闹反而获得关注，孩子们自然会选择具有破坏性的行为。

　　所以说没有一开始就问题很多的孩子，都是因为即便好好表现也无法获取妈妈的关心才会渐渐变成这个样子，而且孩子的行为会随着孩子的性格有所不同。活泼好动的孩子会采用非常积极的方式，畏缩胆小的孩子则会选择十分被动的方式。如果您认为孩子表现出了很强的渴望获得关心的行为，那么请依据下面表格中的4种情况做出判断。

| | 积极有建设性的行为 | 积极有破坏性的行为 |
|---|---|---|
| 积极 | 良好的行为和态度。<br>为了获得关注或偏袒而超常发挥。<br>努力做出能够获得别人赞许的行为。 | 各种各样引人注意的不良行为。<br>扮演调皮捣蛋的角色。<br>（过分表现或妨碍他人）<br>装傻或好斗。<br>过度的行为。 |
| 消极 | 消极有建设性的行为<br>与积极有建设性的方法采用类似的行为，但却不主动表现渴望被别人发现。<br>忽视做出某种行为的真正意义，只希望获得模范生和乖孩子的认可。 | 消极有破坏性的行为<br>懒散、依赖性强、经常迟到并表露出不耐烦。<br>需要别人一直照顾或确认，不安、害怕。<br>患有语言障碍、进食障碍、阅读障碍等。 |

以上 4 种行为中的"有建设性"的行为往往被人们忽视。但之所以也称之为问题行为，是因为他们做出这类行为的原因不是为了造福社会，而是为了成为人们关注的焦点。

有的孩子小学时很有礼貌，也很听话，而且积极帮助他人。他们渴望通过做好事获得别人的关注或关心。但是我们周边有很多这样的例子，那就是小学时明明学习很好很听话的模范生到了青春期反而出现很多问题。这就是上一段所说的问题。

### 2. 争取权利或优越感

采取了有建设性的行为却没能获得关心的孩子，往往就会产生要尽量争取权利或优越感的错误想法。因为他们相信只有能够为所欲为、能够控制别人的时候才能彰显自己的重要。追求权利的孩子看起来十分自信，实则内心很不安。所以从小靠说"不"获得满足感的他们一旦失败就会极为愤怒。

争取权利和优越感也会随着孩子性格的不同分为积极型和消极型。既有选择通过爆发、反抗、说谎或撒泼为自己争取利益的孩子，也有消极的，选择通过不听话、善忘、懒散等方式进行抵抗的孩子。这种孩子虽然表面上没有反抗，但却用消极被动的方式争取自己的权利。

### 3. 报复或复仇

"既然妈妈让我这么受伤，那我可就管不了那么多了。"

有的孩子仿佛在用行动说："我要做坏孩子！"如果持续得不到关爱，或遭到忽视，孩子们很可能就会产生这种报复心理，而报复就是他们走弯路的动机。因为他们想通过这样的方式让父母也尝尝受折磨的滋味。

有的妈妈说确实有过很讨厌自己孩子的时候。孩子小时候很闹却很可爱，但越大越不听话，仿佛成心与妈妈作对似的。妈妈对孩子真是捧在手里怕掉了，含在嘴里怕化了，但不知从何时起孩子却让妈妈像失去了心脏一样痛。

如果孩子出现了类似的行为，那么妈妈们可要好好地反思一下自己了，因为孩子之所以会报复必然是因为长期受到了身体上、精神上的虐待或忽视。不然他们不会产生将自己的痛苦转嫁给别人的想法，换句话说，这也是一种自我保护的本能。报复时，积极型的孩子往往很暴力，并想尽办法去伤害别人。而消极型的孩子则会耍小脾气，并且反复无常。

这样的孩子往往认为自己是不被爱的，是没有必要存在的。甚至认为自己本应受到伤害，本应被他人拒绝。追求权利的孩子和试图报复的孩子在想法上存在根本的差异。追求权利的孩子渴望控制别人，而试图报复的孩子则希望伤害别人。

### 4. 自暴自弃

"我不行，我本来就不行，无所谓了，我不做了，反正做了也没用。"连报复都失败了的孩子大多会陷入这种自暴自弃的状态。"反正我也不行，做了也白做，没必要努力，没关系的，不尝试就不会失败。"这样的孩子做游戏的时候不爱参与，一起活动的时候也喜欢以自己不行为借口把任务推给别人，甚至会因为怕别人发现自己不聪明而干脆放弃学习。

从心理学的角度来看，他们这样自暴自弃是为了避免失败，所以才从一开始就拒绝接受。但孩子这样将自己与其他兄弟姐妹或小朋友做比较，反而会变得更加畏缩。

我曾给很多孩子做过辅导，但治疗这种孩子是最困难的。因为要想让他们重新恢复活力，展露笑容，需要很长的时间和长期的努力。不仅要用爱去抚慰他们，同时还要关注他们每一个小动作，给予他们足够的支持。最重要的是发现他们的兴趣点，让他们重新产生想要做些什么的欲望。

## 4 种目的背后真正的目的是什么？

　　这是作为妈妈的我们必须要知道的。隐藏在这 4 种目的背后真正的目的是什么？不论是叛逆的、暴力的孩子，伤害妈妈、报复妈妈的孩子，还是自暴自弃的孩子，他们心里真正想要的都只有一个，那就是妈妈的爱与关心，所以才会通过不同的方式确认。

　　我们不要因为孩子所做出的种种行为而怀疑孩子的本性。因为不论是怎样的孩子，他们都可以通过我们的努力而重新明朗起来，只不过所需的时间不同而已。而且孩子们也渴望妈妈这样的关爱。

　　记住务必要在孩子产生报复心理或是自暴自弃之前开始。因为孩子出现问题后，妈妈从意识到问题，到从打击中恢复过来，再到带着孩子寻求专家的帮助需要很长的时间，所以妈妈的心理治疗才显得尤为重要。

　　精神科医生库泊尔罗斯认为人类接受死亡这一事实需要经历 5 个阶段，分别是"否定—愤怒—讨价还价—抑郁—接受"，而发现孩子问题行为的妈妈们也有着类似的心理过程。大概是因为妈妈们因此所感受的冲击与痛苦丝毫不亚于死亡吧。

　　就一般情况而言，妈妈从发现孩子的问题行为到整理好思绪向专家求助，需要 1~2 年的时间。在这段时间里，她们最先会因为孩子的行为而受到他人的指责，接着被建议带着孩子去看心理医生，最后在做好心理建设后将之付诸行动。

　　如果父母不能直面孩子的问题，那么所需的时间会更久。不幸的是在这段时间里孩子的问题行为还在继续。没有哪一家的孩子会特别的不懂事，只不过是随着环境的变化，孩子的欲求很难被适时地满足而已。孩子们不仅缺少缓解压力的机会，而且更多的孩子选择用伤害别人的方式给自己疗伤。

　　如果希望孩子每天都健康地成长，那么妈妈们从现在起就要行动起来了。

孩子受伤、摔倒的时候，我们会给孩子吹伤口、消毒、上药。就算严重到必须去医院，我们也会先做一些紧急处理。

那么现在问问自己：如果孩子的心受伤了，要怎样做呢？看不到就能忽视或视而不见吗？想一想当孩子们正在用行动和表情诉说自己伤心事的时候，作为妈妈的你是否给孩子做了紧急治疗呢？每个孩子都需要一个能够治愈心伤的妈妈。

## 是教导，还是照顾孩子的心情？

家长在面对孩子问题行为的时候，一般有两种观点：一种是认为孩子太小还不懂事，所以要教导，要惩罚；另一种则是认为孩子伤心了，所以要照顾孩子的心情。那么你属于哪一种呢？

目前大部分的妈妈都在按照第一种观点去做，即试图通过教导、惩罚的方式改掉孩子身上的问题行为。如果这种方法真的让孩子的问题行为得到了改善，那么继续下去也无妨。即如果教导、惩罚真的改变了孩子的行为，安抚了孩子的内心，让孩子从内心深处觉得要去做对的行为，那么继续下去也是可以的。但如果这种方式并不见效，或是孩子虽然听话却仍然能够感觉到反抗，那么是时候改变一下方式了。当教导和惩罚无法阻止孩子的问题行为时，那就要照顾一下孩子的心情了。

如果你还是觉得要严厉地教训孩子才管用，那不妨多想一想：我们对孩子说过多少次要做好事，又到底对孩子说过几千遍、几万遍不要做坏事？没有一个孩子不知道不应该骂小朋友、打小朋友，也没有一个孩子不知道不应该欺负弟弟妹妹，不应该对妈妈说谎。正因为妈妈教导得很努力，所以孩子们很清楚什么是对的，什么是错的，但也请您记住这样做并不见效，因为孩子心里的痛已经积累到足以让他们明知故犯，而且孩子对于这样做的自己也会感到失望和挫败。

　　从现在开始放弃教训孩子的念头。如果孩子的问题越来越严重，而作为妈妈却不知如何是好，那么请先冷静一下。希望您在整理好心情后，尝试着从心理学的角度去激发孩子的潜力。去了解孩子问题行为背后的原因，以及孩子真正想要的是什么，然后再配合这些找到走进孩子内心的方法。

　　一给弟弟喂奶，5 岁的真浩就会去夺弟弟的奶瓶。把弟弟放在婴儿车里，真浩也会过去推弟弟的头、抢弟弟的玩具，唯独看电视吃零食的时候会好一些。所以妈妈总是趁着这个时候去照顾弟弟，并且觉得这段时间不去照看真浩也是可以的。虽然看电视的时间渐渐变得有些长，但其他孩子也是这样过来的，所以并不觉得有什么大问题。可是，真浩逐渐对看电视失去了兴趣，所以妈妈照看弟弟的时候又开始跑过来欺负弟弟。那么怎样做才能改变孩子的行为呢？

　　"不能这样。你要照顾弟弟。你是哥哥所以要让着弟弟。妈妈都说过几次了？再这样我可要训斥你了。"像这样的话根本没有效果，不如换个方式。如果想要用心理学的方式解决问题，首先要了解一下孩子在做这些行为时的心理活动。一旦明白了孩子在想些什么，那么问题解决起来就容易多了。下面让我们睁大眼睛、竖起耳朵来感受一下。

　　妈妈抱着弟弟，看到妈妈对弟弟笑很伤心、很嫉妒也很生气。看电视的时候妈妈对我漠不关心。好好吃饭的时候妈妈也不会夸奖我。而弟弟吃奶的时候，妈妈却一直夸他。

　　现在电视也没有意思了，零食也吃完了，所以我要跑到妈妈身边。夺弟弟奶瓶、欺负弟弟的时候妈妈就会看我了，耍赖的时候妈妈就会听我说话了。除了这样做，没有别的方式能够重新获得妈妈的爱和关心，所以这是最好的方法。以前我也尝试过要乖乖地听话，但根本没用。因为我变乖的时候，妈妈反而更加不关心我了。


　　所以只要我们能给孩子想要的爱与关心，问题就会迎刃而解。但在孩子出现问题行为时不要去过多关注，因为这样做反而会让问题行为越来越严重。相信没有父母希望这样。而如果你希望孩子多做对的行为，那就要在孩子做正确的行为时多关注他。只要我们能做到这些，孩子就能够茁壮地成长。但我们往往将孩子对的行为视为理所当然，所以要学会去表扬孩子好的行为。反过来如果孩子觉得只有通过做坏事才能得到关心，那么他们就会更加频繁地去做坏事。这就形成了恶性循环，而能够打破这一恶性循环的只有妈妈。

试试微笑着对孩子说"我们××吃饭的时候真乖。能一个人做游戏真厉害。画得真好"。孩子听到这样的表扬，一定会更加认真地吃饭，更加集中注意力地去做游戏，不再去理会弟弟。所以我们要做的不是命令孩子去做什么，而是要在孩子行动时给予表扬。

下一个方法就是告诉孩子"妈妈的心里始终有你"。对于认为妈妈被弟弟妹妹夺走了的孩子，其实只要让他们知道妈妈的心里还有他们就足够了。去读一下《口袋中的亲亲手（狩猎远征）》这本书吧，这是一个关于小浣熊切斯特不愿去上学的故事，也是一个妈妈鼓励孩子去接触社会的故事。故事中被妈妈亲过的手就叫亲亲手，因为亲亲手的存在，小浣熊害怕的心才得以镇定下来。

《口袋中的亲亲手（狩猎远征）》讲述了小浣熊看到妈妈也给弟弟亲亲手后感到背叛与伤心的故事。但切斯特的妈妈告诉他亲亲手是特别的，并将亲亲手放到了口袋里。从此小浣熊明白了妈妈的爱并不会因为弟弟的到来而一分为二。

虽然是一个不起眼的方法，却安抚了孩子受伤的心。如果每个妈妈都能够这样做，那么孩子的问题行为就会减少许多。当然正确的、对的、好的行为也会随之增多。这就是心理接近法。

# 妈妈是原因制造者，也是问题解决者

孩子的问题行为源起何处呢？是与生俱来的，还是在成长过程中出现的？当然性格怪僻的孩子发生问题行为的概率会更高一些。因为性格怪僻所以受到的压力会更多，而这些压力最后很有可能就会通过问题行为的方式表现出来。所以在某些心理学书中这样写道："性格怪僻的孩子的妈妈运气不太好，她们往往要比其他妈妈多付出 2 ~ 3 倍的努力。"可见这样的孩子有多难养育。而除了这种特殊的情况外，孩子大多数的心理问题都是因成长过程或养育环境而产生的。

## 妈妈是问题制造者?

6 岁的智雨正在接受游戏治疗，因为不安症状太过严重，只要一会儿见不到妈妈就会大声哭喊，只要有稍微不顺心的地方，就会躺在地上大喊大叫。而智雨妈妈从不告诉周边的人智雨正在接受治疗。因为这会让她产生负罪感，仿佛是因为自己没有教好孩子才会这样。况且即便接受治疗，孩子也不会很快恢复。

她一直努力温柔地对待孩子，不去教训孩子，但孩子反而变本加厉，这样一来有时候她就会抑制不住去谩骂孩子。虽然接受了游戏治疗后孩子的情况有所好转，但只要她发过一次火后就会恢复原状。这时她便会被游戏治疗师责备。

"您好，本来孩子最近已经好多了，今天却突然变得很抑郁。做游戏的时候也很激动，甚至骂人。在家里是不是发生什么事了？就算生气也不能训孩子，要先了解孩子为什么发脾气，为什么伤心，而且还要多表扬孩子。"

本来是为了孩子好，才支付如此高的费用进行游戏治疗，结果却一下子功亏一篑了，孩子妈妈甚至产生了要和治疗师理论的想法。"话不能这样说，不是接受治疗了吗？那就算像以前那样发火孩子也应该有所改变才对啊，训一次孩子就变得和原来一样，那还治疗做什么？"

不论接受什么样的心理治疗，只要妈妈不改变，那也是白白浪费时间和金钱。因为妈妈还是会不断制造各种心理问题，所以归根结底妈妈还是原因的制造者。仔细想一想，问题的制造者是一个人，而问题的解决者是另一个人，那问题也只能来回反复而已。

那么作为问题的制造者，作为孩子希望得到关爱的对象，如果妈妈改变一些，结果又会如何呢？显而易见，虽然妈妈是很多问题的制造者，但妈妈同时也是问题的最好解决者。不要只做"问题的制造者"，尝试着去安抚孩子受伤的心灵，成为孩子需要的"治愈系的妈妈"。

## 妈妈，要扮演怎样的角色？

在专家们看来，孩子出现问题行为的最主要原因还是在于主要抚养人——妈妈。这句话并没有错，但重要的是没有哪个妈妈是故意为之的。在养育孩子的过程中，妈妈们往往会调动自己所有的育儿知识，但有时也会不自觉地使用一些严厉的方式，当然这也不是故意的。妈妈们虽然是问题制造者，却也倾尽了全力。

现在最重要的问题是如何用正确的方法养育孩子。能够为伤心的孩子疗伤，能够培养孩子好学的习惯，健康地成长。努力帮助孩子成长，不要再做问题的制造者。

妈妈对孩子的影响是绝对的。与妈妈之间没有形成稳定情感纽带的孩子心里往往很不安，所以遇到一点小事就会受伤，也很容易做出问题行为。而且不论进行什么样的辅导，都很难很快地好起来，而且就算好起来，也很容易反复，这都是因为受到了妈妈的影响。

其实大部分孩子在接受治疗的时候都是快乐的。因为辅导老师能够给他们带去安慰，并能够陪他们一起做游戏，这让他们感到幸福。所以他们会期待去治疗，并希望治疗的时间不要那么快结束。而孩子喜欢去治疗的最大原因还是在于他们能够得到不曾从妈妈那里得到过的，或者更确切地说是想要从妈妈那里得到的爱与关心。加之每到这一天妈妈就会变得尤为亲切，不仅会给自己买好吃的，还会很温柔地说话，所以孩子会感到更加快乐。也许孩子真正期待的是能够见到自己梦寐以求的妈妈。

也正是如此他们才那么害怕治疗时间的结束，因为这会让他们感到不安。一是害怕幸福时光就这样结束了，二是害怕自己又开始做坏事。而内心深处最重要的担忧还是"害怕妈妈回到原来的样子，又开始训自己、唠叨自己"。

## 妈妈，请呵护我脆弱的心！

曾经有孩子在结束治疗后这样对我说："没有任何人，能够这样地听我讲话，这样地陪我玩，这样地教我，这样地对我好，只有这里。"换句话说，孩子其实是希望自己的妈妈也能够这样做。

妈妈之所以要做出改变还有一个更重要的理由，那就是孩子在一天天长大。以前一周只接受一次治疗就足以恢复的孩子，升到高年级后会遇到比现在更多的困难。

妈妈还是原来的妈妈，孩子却遇到了越来越多的困难，这样一来就算继续治疗也无法跟上孩子受挫受伤的速度。如果妈妈们还是不知道如何应对孩子每天在学校遇到的各种事情，还是不知道如何了解孩子的真实想法，那么孩子很难成为一个坚强的人。

现在就是抉择的关头：是继续做伤害孩子的原因制造者呢，还是做一个知错认错，懂得激励孩子，能够与孩子一起成长的妈妈呢？

在孩子的成长过程中，妈妈也一直在做抉择，抉择自己究竟要做一个怎样的母亲。一直以来妈妈们都为照顾孩子的身体，促进孩子的智力发育尽心尽力，而现在则要开始为孩子内心的成长做准备了。

孩子在呼吁"妈妈，请帮助我获得内心的成长！"让我们帮助孩子排忧解难，让孩子成为一个能够努力学习，与小朋友和睦相处的幸福的孩子。能够和孩子一起成长的妈妈才是最幸福的。

给妈妈的小贴士

## 妈妈的内在孩童（inner child）

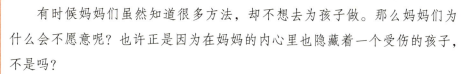

有时候妈妈们虽然知道很多方法，却不想去为孩子做。那么妈妈们为什么会不愿意呢？也许正是因为在妈妈的内心里也隐藏着一个受伤的孩子，不是吗？

内在孩童是指小时候正常的心理欲求没有得到满足，或受到伤害从而没有得到成长的人格。虽然身体长大了，也做了妈妈，但妈妈心里也有一个伤心的孩子，所以最先做的就是要安抚这个孩子，让她先得到成长。

为什么孩子一哭我就不耐烦呢？

为什么我不能轻易原谅孩子的失误呢？

为什么孩子缠着我，我就想逃脱呢？

如果找不到答案，不妨先想一想，住在妈妈心里的这个孩子原来是怎样的。

承担起家庭的重担做问题的牺牲羊？挑起问题吸引注意的问题儿童？父母不尽责，而承担起照顾弟弟妹妹角色的少年家长？父母一方没有承担起配偶的责任，而成为代理爸爸或代理妈妈？又或者被忽视、遗弃的孩子？再或者总是让步，听命于人的顺从者？

小小的孩子承担起这样多的角色是多么痛苦，多么伤心的事啊！所以现在要给她以安抚。

张开双手拥抱自己，并对自己说：

"你真的很辛苦。没人理解你一定很伤心吧。我来安慰你。不管怎样一直以来你都做得很好。了不起，值得被表扬。"

虽然这个方法有些让人不好意思，但不妨买个人偶作为"小时候的我"，抱着她聊聊天还是很有帮助的。或者自己给自己写信也可以。

　　妈妈自己来拥抱、疼爱这个可怜的、没有得到过关爱的"孩子"。

　　这样心里的悲伤与愤怒就会渐渐消散，这样一来我们也可以更好地去爱我们的孩子。

# 心理治疗，妈妈也来试一试吧

## 妈妈来做会更好的理由

亲切的妈妈、准备可口饭菜的妈妈、陪我游戏的妈妈、错时提点我的妈妈、教给我知识的妈妈、辛苦养育我的妈妈……

这是孩子所期望的妈妈。并不需要一直温柔亲切，而是要能够帮助自己成长。很多妈妈错误地以为要想了解孩子的内心想法，就必须一直忍耐、包容。虽然了解、照顾是对的，但也不能纵容。有不对的地方就要说出来，并让孩子明白为什么不对。孩子希望自己做错的时候能够有人帮助改正，希望自己学习时遇到困难能够有人耐心地讲解。总之，孩子也希望自己能够健康地成长。

来做治疗的孩子因为得到了辅导老师的关心、关爱、支持和激励而变得幸福，并且在了解到行动的底线后获得安定的感觉。其实关心、关爱、支持、激励本来都是妈妈的专长，是与生俱来的。

请充分利用自己的特长，成为孩子的心理治疗师。不论是制造了问题的妈妈，还是与孩子有很多矛盾的妈妈。只要作为妈妈，这些错误都可以挽回。全世界最爱自己的妈妈能够了解自己的想法，为自己治疗受伤的心，帮助自己成长，哪个孩子会不愿意呢？一点一点地去学习，利用学到的心理治疗方法去了解孩子，其实并没有想象的那么难。

## 只有在治疗室才会变好的时源

7 岁的时源由于心理问题目前正在接受语言治疗和游戏治疗。时源 4 岁的时候离开韩国,在美国生活了两年,后来又回到韩国,所以时源既说不好韩语,也说不好英语。虽然慢慢讲还是可以讲出来的,但却不愿意张嘴说话。当时为了去美国,在韩语还说不好的情况下父母就开始强制他学习英语,但去了美国之后他仍然无法适应当地幼儿园的生活。

重新回到韩国的时源因为说话结巴而被小朋友们疏远。虽然语言也是问题之一,但最大的问题还是环境的巨大变化让他感到无法适应,所以造成情绪上的不稳定。

因为治疗师与时源建立了互相信任的关系,所以接受治疗的时候时源都会很开心。而且每次来到治疗室时源都是高高兴兴的,这也让治疗效果变得更加明显。虽然说话声音还是很小,但现在的时源不仅说话流畅了,而且还懂得了如何拜托和拒绝。

当然为了让时源有更大的进步,妈妈的帮助是必不可少的。如果能够在家里也能营造出如治疗室一般的轻松氛围,时源会恢复得更快。所以治疗师给时源妈妈定了几条规定,每次治疗的时候都会反复叮嘱。

● 孩子说话的时候不要催促。

● 不要要求孩子把话一字一字说清楚。

● "慢慢说没关系。现在说不完,一会儿想说的时候再说也可以。慢慢说,妈妈会认真听你说。"要像这样对孩子说。

● 即使听起来很吃力也要坚持听完。

● 如果孩子不能正确地表达自己的意思,妈妈可以依据听到的内容和孩子确认。

● 妈妈也要配合孩子放慢说话的速度。这样孩子才能稳定情绪,从而说得更好。

　　时源妈妈常常会有这样的心理斗争：虽然自己每次都想像治疗师要求的那样去做，但真正做起来却感觉并不容易。看到孩子说话口齿不清、词不达意时，自己就会很着急。而且就算忍下火气告诉孩子"慢慢说"也不见什么效果，孩子说话还是那么困难。

　　这说明时源妈妈还没有真正地理解孩子的行为，所以才会弄不懂为什么孩子在治疗室的时候会好转，而和妈妈在一起或是在幼儿园的时候就还是老样子，等待了 6 个月的时间却还没有起色。任凭治疗师怎么说，时源妈妈还是不清楚孩子到底发生了什么变化。

　　时源为什么没有起色呢？既不是因为治疗师没有能力，也不是因为方法不对，而是因为妈妈完全没有按照治疗师所要求的去做。因为就算强忍不发火，但脸上还是写满了不耐烦，孩子还是会紧张、害怕被骂，所以妈妈才会看不到任何好转的迹象。

　　妈妈没有按照治疗师的要求去做，所以孩子没有好转，把这句话反过来想一想，很简单就能得出这样的结论。那就是如果妈妈按照治疗师的要求去做，那么时源就会很快好转。所以说只要时源妈妈在治疗师的帮助下改变与时源沟通的方式，时源的情况就会大有起色。

　　父母不要奢望将孩子托付给专家后就能够立刻解决问题，仅靠这样就见效的例子很少。笔者在给孩子做辅导的过程中，一定会让父母中的一方先学习与孩子对话的方法，因为父母的角色尤为重要，妈妈每天 10 分钟的努力要远胜于孩子每周与治疗师见面的 50 分钟。孩子的心理变化从妈妈的努力开始。请一定不要忘记下面的公式。

> **和妈妈的 50 分钟（10 分钟 ×5 天）＞心理治疗 50 分钟（50 分钟 ×1 天）**

## 妈妈的心理治疗有效果吗?

二年级的太俊在学校受到了小朋友的严重排斥。太俊很活泼,但总是喜欢偷偷拿走其他小朋友的东西,或是突然从背后勒住小朋友的脖子。虽然没有什么恶意,但其他小朋友很难接受。至今太俊接受心理治疗已经快一年了,可是和小朋友的关系还是没有太大改善。

太俊妈妈非常希望太俊能够和其他小朋友和谐相处,但妈妈的这一愿望不知何时才能达成。所以太俊妈妈下定决心学习与孩子对话的方法,每天定时给太俊做游戏治疗。

### ☆情况 1

首先妈妈决定和孩子一起做他喜欢的游戏,妈妈好不容易同意和孩子一起做一次洗澡游戏。孩子举着水枪,妈妈大喊进攻。虽然妈妈平时很不喜欢这样的游戏,但是为了孩子还是下定决心坚持 10 分钟。不久孩子的笑声就传到了楼道中。

妈妈先出来,并拜托孩子整理浴室。孩子独自又玩了 10 分钟,整理得差不多后走出了浴室。妈妈一边帮孩子擦干身体,一边和孩子聊学校的事情。孩子突然说了小朋友请他吃东西的事情,真是闻所未闻。原来问题并不像妈妈想象的那样严重。也许孩子正是因为很少和妈妈一起做游戏才不知道如何和其他小朋友一起相处。无论如何,既然孩子喜欢,也能增加对话,妈妈决定以后也要经常做这样的游戏。

### ☆情况 2

太俊正在和妈妈一起做拼图游戏,但是突然想去厕所,所以拿着漫画书进了厕所,并对妈妈说"去去就来"。但是一去就是 30 分钟。中间妈妈问他什么时候出来，他虽然回答"马上出去"，却始终不出来，分明是看漫画入迷了。当孩子出来后，妈妈决定把自己的感受和想法告诉孩子。

妈妈：让妈妈等，你却不出来，妈妈感觉被忽视了。你一点都不为妈妈着想，妈妈真的很伤心。

太俊：啊，我不是故意的，只是看漫画书来着。

妈妈：那为什么还让妈妈等你？

太俊：因为想着马上就会出来接着做游戏。

妈妈：啊，这样啊。我差点以为太俊是故意让妈妈伤心呢。

太俊：不是的。

妈妈：但是妈妈很好奇，为什么不让妈妈别等了呢？"妈妈，我们下次再玩。我看完漫画就出去。"这样说不就行了吗？

太俊：我没有想到。

妈妈：原来是这样。那么现在是不是应该对妈妈说对不起，并告诉妈妈什么时候再一起玩呢？

太俊：啊？

妈妈：……

太俊：啊，对不起，妈妈。我们吃完晚饭再继续吧。

妈妈：知道了，表达清楚就好了。

☆ 情况 3

正在吃饭的太俊突然开始玩起机器人来，吃一口饭，就拿着机器人玩一会儿。

妈妈：和妈妈一起吃饭，你却只顾着玩机器人，妈妈好无聊。感觉你不想和妈妈一起吃饭。

孩子：啊，不是这样的。

妈妈：那是？

孩子：啊，这个机器人是我修好的。我只是想拿来给妈妈看看。

**妈妈**：是这样啊。你不说出来，妈妈刚才差点又误会了。能够告诉我你是怎么修的吗？

**孩子**：机器人的手臂有点摇晃。我问了爸爸，爸爸说拆开把里面紧一下就行了，我也是第一次修，所以想拿给妈妈看。

**妈妈**：这样啊，是为了拿给妈妈看啊，那为什么不先说出来呢？

**孩子**：……

**妈妈**：是害羞吗？

**孩子**：妈妈一看不就知道了吗？

**妈妈**：啊，原来你希望妈妈能够知道你所有的想法啊。

**孩子**：嗯。

**妈妈**：但是你不说妈妈也不知道啊。下次你要先对妈妈说："妈妈，我有话对你说。"那么妈妈就会问你了。

**孩子**：好。

当天晚上太俊突然跑过来对妈妈说：

"妈妈，我有话对你说。"

其实治疗就是从这样不起眼的对话开始的。通过这样的沟通，孩子学会了新的沟通方式，并且牢牢记住。为了让太俊能够和小朋友们和谐相处，必须要进行这样的练习。孩子之所以会在与人相处上产生困难，正是因为经验的缺乏。由于妈妈采用了与之前完全不同的沟通方式，每一两天与孩子进行一次这样的对话，孩子好转的速度也快了许多。

渐渐地太俊与小朋友对话的方式发生了变化。某一天太俊突然跑到妈妈面前问："妈妈，这种时候要怎样说呢？"妈妈震惊于太俊的变化，并且不敢相信自己的努力能这样容易地改变孩子的行为。

虽然太俊妈妈也因此产生了歉意和罪责感，但她决定正视这种情感。因为每当产生这种想法的时候，她都会更加坚定地要为孩子进行"妈妈的心理治疗"。

Part 2

# 每天 30 分钟
## ——妈妈的心理治疗

# 从理解孩子的想法开始

秀赫的爸爸妈妈是双职工，所以秀赫从小学开始放学后就经常一个人在家。现在秀赫上高中了，但经常会感觉有气无力，甚至抑郁，有时还会逃学。虽然知道要去上学，但最后还是不受控制地逃学了。

但是他并不怪自己的爸爸妈妈。因为爸爸妈妈不仅工作十分辛苦努力，而且还为他上学的事伤透了脑筋。所以他既不怨恨，也不生气。他并不认为自己不上学是什么大事。

至少自己不是什么问题儿童。既不抽烟，也不抢劫他人的财物，只是有时不去学校而已。

我问秀赫，父母对你这样置之不理你生气吗，怨恨吗？秀赫回答说不会。分明看到别的朋友有父母陪伴会羡慕，却反而说更多的时候觉得一个人更好。即便郊游的时候，开运动会的时候都是独自度过，也觉得没什么关系。显然秀赫并没有意识到自己的情感。因为知道环境不允许所以提前放弃，知道不论生气还是要赖都没有用，所以强忍住自己的情感，催眠自己。

秀赫不去上学的理由有时是肚子疼，有时是肚子疼发烧，还有时是肚子疼呕吐，抑或肚子疼腹泻。虽然不是毫无缘由地不去上课，但确实是旷课了，他这样做是为了不受父母唠叨或训斥。由于精神上一直这样催眠自己，所以身体上也出现了异常信号。当然秀赫也去了医院。但医生都说身体上没有问题，看来是精神上的。因为没有照顾好情绪，所以身体出现了反应。而且秀赫平时并没有什么开心的事情。即便逃课去玩游戏，看起来也不是那么高兴。况且短暂的精神上的愉悦并不能改变孩子的秉性。

　　如果不能意识到自己的情感，那么就很难改变行为。所以秀赫需要一个认识自己情感的过程，比如生气、伤心、孤独、害羞等。"啊，原来现在我在生气，在伤心啊。"从这样的自我情感认识开始。

　　当然秀赫需要一段时间才能完全明白自己的感受与情感，在这里先要聊一聊各种各样的情感。毕竟秀赫要花时间去弄明白自己每时每刻都感受到了怎样的情感。我给秀赫写了一张情感目录，让他在符合自己的项上画圈。下面是秀赫的选择和理由：

| 高兴 | 一起聊天的时候感觉舒服，心情愉悦。 |
|---|---|
| 痛快 | 因为说出了一直没能说出口的话，所以感觉很痛快。 |
| 讨厌 | 因为总是发生类似的事情，所以连自己都感觉有点讨厌自己。小学时也曾讨厌过爸爸妈妈，但从中学起就开始讨厌自己。 |
| 焦急、害怕、紧张、畏惧 | 家人都在家但自己却独自一人待在房间里的时候，经常会有这样的感觉。因为害怕说谎被发现或做错事被发现。爸爸妈妈每次大声说话时也会这样。 |
| 不满 | 别人都能玩我却不能，即使考试已经结束了。 |
| 后悔 | 后悔自己的所作所为。 |
| 想死 | 不是想要去死，只是讨厌活着。不想死，却觉得生活没有乐趣。 |

　　在情感得到确认后，秀赫看起来轻松了许多。对话结束，孩子开始产生了希望有人照顾自己的想法。

　　治疗师：想没想过要是有个哥哥会怎样？

秀赫：没有。

治疗师：如果有个哥哥，你的生活会发生什么变化吗？

秀赫：没想过。但是我从前想过要是有个姐姐就好了。比我稍微大一点的姐姐，一个上大学的姐姐。

治疗师：是吗？为什么想要有个姐姐？

秀赫：可以辅导我学习，纠正我，照顾我，还会做好吃的炒年糕……

治疗师：难道，这些不正是你希望妈妈为你做的吗？

秀赫：……

一个对妈妈没有过多要求的孩子却在幻想着能有一个姐姐，看起来他是那么的可怜。这样的孩子需要在今后一点一点地去明白自己真正的想法。

只有明白了自己真正的感觉以及自己真正想要的是什么，孩子的行为才会发生本质的改变。伤心就是伤心，开心就是开心，必须要明确自己的情感。担心的时候明白"我很担心"，伤心的时候明白"我很伤心"。即便只认知到这个程度，也能够有助于进行行为的调整。

在孩子小的时候，妈妈如果看出了孩子的想法最好直接讲出来，这很重要。比如"伤心啦、生气啦、悲伤啦、委屈啦、害羞啦"，这样有助于孩子认知自己的情感。能够充分认知的孩子在行为选择方面一般会做得更好。

## 妈妈了解自己的内心吗？

"了解孩子的内心想法"是妈妈必须做的事情之一，而小时候的经历是帮助妈妈们理解孩子内心想法的一剂妙方。因为回想自己小的时候发生的事情能够让我们更好地理解孩子的感受。可奇怪的是越是为孩子问题行为头疼不已的妈妈，往往越记不清自己小时候的经历。

为什么妈妈记不清自己小时候的经历呢？记忆，原本就要与情感关联起来才更容易被记住。像与高兴、难过或是悲伤、害怕有关的记忆就算发生在很小的时候也不会被轻易忘记，即便不是刻意去记也会记得很牢。而妈妈之所以记不清楚自己小时候的经历，不是因为她的记忆与情感关联甚少，就是因为妈妈本身就在认知情感上存在障碍或不足，又或者因为不能表露出自己的情感而一直压抑自己。如果妈妈曾经这样隐藏自己的情感，那么现在也很有可能存在着情感认知困难。像这样连自己的情感都无法认知的妈妈，又怎么能够轻易地读懂孩子的心思呢？

在实际教育过程中，如果妈妈看到孩子哭了或是生气了，可能只能认识到"孩子哭了啊"或"孩子生气了啊"这种程度。而且就算对照着情感目录或表格去分析，也仍然很难弄清楚孩子真正的想法。妈妈往往在经过了换位思考，或倾听别人的解析后才勉强明白过来。如果是这种情况，比起探讨之前发生的事情，不如从认知"此时此刻"的情感开始。

＊用词汇形容自己在读书时的感受。

＊在喜欢或是不喜欢的部分下画横线，并想一想为什么喜欢或不喜欢。

＊读了某个伤感的故事后，想一想为什么会伤感。

如果妈妈能明白自己此时此刻的感受，那么就能更好地去明白孩子的感受。所以如果想要更好地理解孩子、安慰孩子，那么就从了解自己的内心想法开始吧。

## ❀ 了解妈妈的心，也了解孩子的心

6 岁的彩源想去公园玩，但妈妈却因为彩源没有听自己的话而感到沮丧。

妈妈：彩源啊，我们明天再去公园吧。

彩源：不要，我不要明天去，我就要现在去，现在。

妈妈：看来你真的很想去。但是今天时间太晚了，而且还有好多其他事情要做。

彩源：不要，我就要去，就要去。

（妈妈试图去了解孩子的想法）

妈妈：一定是因为什么事情生妈妈的气了吧?

彩源：我就是生您气了，早上对我发火都不哄我。

妈妈：啊，原来是这样。对不起了，妈妈发了火也没跟你道歉，真的很对不起。

（彩源自己坐了一会儿，接着说）

彩源：没关系。现在不去公园也没关系。

"因为……伤心了啊""因为……生气了啊""因为……难过了啊"用这样的方式展开对话，从认知孩子每一瞬间的情感变化开始。仅靠想是不够的，要学会用语言表达出来。这样做虽然不会立即见效，却有着持续的影响力。如果妈妈能够了解孩子的内心想法，那么教育就会变得很顺利。

心理学中有一个词叫"mindfulness"（正念，留心）。含义是"留意内心"，主要被理解为"了解、领悟、注意、留神、意识"。用一句话来解释就是"心里清楚，知道自己在现在这种情况下的感受"。知道每一瞬间自己的所思、所想、所感，不用去深奥地领悟，只要能够明白自己日常中小小的心理变化即可。幸运的是虽然一开始会感觉很难，但只要尝试几次就很容易养成习惯。

很多研究结果显示，了解自己的内心感受不仅能够减轻心理压力、缓解慢性头痛、调节心情，同时还能增强注意力。

同时还有结果显示，懂得认知与表达自己感受的孩子更能够从学习中获得成就感，而成功人士的共同特点就是情商很高。

也就是说了解自己的内心感受会让人更懂得如何调节心情，从而获得更好的人际关系，并以积极的态度去学习成长。所以从现在起，这不仅仅是医生要做的，更是妈妈和孩子一起要做的。

**给妈妈的小贴士**

## 妈妈的心理治疗要进行多长时间?

**由妈妈来做的心理治疗,所需时间是?**

首先让我们来思考一下下面这个问题。

妈妈们在进行心理治疗时,到底能坚持多长时间?一周又能够进行几次?其实比起要做多长时间,能做多长时间更为重要。

如果一开始信誓旦旦,但做着做着却开始敷衍了事,孩子是会怨恨妈妈的。所以,如果不想虎头蛇尾,从一开始就要量力而行。希望大家能够从孩子的改变上获得动力,逐步增加治疗的时间。

一般孩子每周需要接受 40 ~ 50 分钟的心理治疗或心理辅导,但妈妈们没有必要严守这一标准,一次进行 10 ~ 30 分钟足矣。而为了治疗效果更好,治疗时间最好有一定的规律,因为有规律的治疗会让孩子情绪更为稳定。

如果希望更快见到效果,那么可以一周进行两次,每次 30 分钟。

而如果希望顺其自然地进行,那么一周 30 分钟也是可以的。

### 制订计划的方法

| 何人 | 妈妈和孩子 |
|---|---|
| 何时 | 星期几,几点 |
| 何地 | 例:家里客厅桌子旁 |
| 做什么 | 进行心理治疗中的一种 |
| 怎么做 | 按照书上所说的 |
| 为什么 | 为了治疗孩子的心伤 |

# 妈妈的治愈对话

治疗师与妈妈所说的话不同。这就是为什么做相同的游戏，治疗师却能达到治疗的作用。治愈性的对话并不简单，因为一个小小的细节就能够引起孩子微妙的内心变化，甚至慢慢改变孩子的行为。所以妈妈所说的话不同，孩子的反应也会不同。

比如我们不小心撞到了别人，如果别人喊了一声"喂！"大部分人会不高兴地回一句"怎么了？"而如果别人只是"啊！"了一声，大部分人都会说"对不起"。所以如果妈妈看到了孩子不好的行为就马上喊"喂！"那么孩子的行为不是毫无改变就是更严重。所以说虽然会很生气，但也要努力用"啊！"的方式来表达。下面来进一步了解治疗师所使用的对话方式有哪些是适用于妈妈与孩子之间的吧。

## 治疗师的治疗对话技巧——发自内心地进行对话

### ☆用真心去对话

诚实的对话往往对孩子更有帮助。例如，明明生气了却还假装不生气，不如诚实地告诉孩子虽然自己生气了但为了你还是忍住了。

伤心就要说出来，并告诉孩子伤心的原因。因为，如果孩子知道家长所允

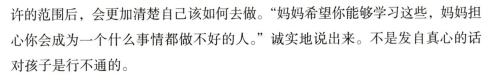

许的范围后，会更加清楚自己该如何去做。"妈妈希望你能够学习这些，妈妈担心你会成为一个什么事情都做不好的人。"诚实地说出来。不是发自真心的话对孩子是行不通的。

"你到底是有多想看电视啊，好吧，你就看够了再做作业吧。"希望妈妈们不要抱着"看你能看多久"的态度去对待孩子，因为结果显而易见。

"很想看电视吧，妈妈可以等你 30 分钟。"这样说孩子就会明白妈妈所想要的是什么，并明白极限在哪里。

### ☆ 充满关心的行为和语言

与孩子对话时，身体要尽量向孩子倾斜，并与孩子对视。只有这样，孩子才能感觉到妈妈对自己的关心。如果能够面带笑容温柔地对视就更好了。"嗯，好的好的，妈妈明白"，如果家长在对话时能够给予这样的反应，孩子会更想要表达。所以我们要认真地对待孩子，就仿佛世界上只有你和孩子两个人。孩子受到安慰和鼓励后，也会对妈妈更加信任。很多妈妈喜欢边做家务边和孩子说话，或者背对着孩子说话，这样做是没有效果的，因为孩子根本听不清，而妈妈还自以为孩子听清了却不去做，从而大发雷霆。

### ☆ 接受、共鸣、倾听

接受是指妈妈要接受孩子与自己有不同的想法，不同的行为，不同的感觉。不同并不就是错误的，认识到这一点很重要。比如孩子放学回家后没有马上做作业，妈妈与其对孩子发火，不如理解为"孩子只是累了想休息一下再做"。

- "你原来喜欢这样。"
- "没错，也可能会这样想。"
- "在那种情况下也可能会说出这种话。"

其实妈妈如果能够明白并接受孩子的不同，孩子就会开始转变，并学会为了妈妈而努力表现得更好。

共鸣是指妈妈努力与孩子感同身受。这就要求妈妈不要停留在"原来如此"的阶段，而是要与孩子产生相同的感受。

- "妈妈也是这样想的。"
- "听到那种话妈妈也会生气的。"

如果妈妈能够这样做，那么孩子就会感觉到妈妈站在自己的这一边，是自己坚强的后盾。所以妈妈不管教给孩子什么，孩子都会愿意去接受。

倾听是指妈妈们要用心去倾听孩子内心的声音，并用自己的话表述出来，只要能够用语言来反映孩子的心情就可以了。这样不知所措的孩子才会对自己的感受产生清晰的认知。

- "朋友不陪你玩，伤心了吧？"
- "妈妈发火，你害怕了吧？"
- "妈妈没能明白你的意思，怨妈妈了吧？"

孩子并不能很准确地认识到自己的感受，所以妈妈的话可以帮助孩子来完成认知的过程，孩子只有了解了自身才能成为生活的主人。

即便无法分清接受、共鸣与倾听也没关系，"不说也没关系，妈妈知道你很难过"，只要能够像这样包容孩子就可以了。

## ☆支持与鼓励

- "孩子，你努力的样子真帅！"
- "即便困难，也坚持到了最后，不是吗？"
- "下定决心就坚持下去，妈妈会给你加油的。"

孩子在尝试做些什么的时候，妈妈一定要给予支持和鼓励。称赞是对结果的评价，往往会给孩子造成负面的影响，而支持和鼓励则能够激励孩子按照自己的想法去行动。因为是对孩子某种想法或意志的支持，所以更有助于孩子心理的健康成长。

同时，父母的支持和鼓励还能够让孩子更有信心获得成功，而且就算失败也可以继续支持与鼓励，家长对孩子的信赖以及对孩子潜能的坚信正是孩子动力的来源。这样做还有助于帮助孩子开发潜能寻找自我。

### ☆给孩子讲述自己的经历

- "妈妈也有过这样的时候。"

给孩子讲述自己曾经面对相同情况时的所思所想，并告诉孩子通过这样的经历自己学习到了什么，领悟到了什么。当孩子对于说与不说犹豫不决时，不如家长先说出来，这样孩子就会惊讶于"原来妈妈也有过这样的经历啊！"同时放下戒心，敞开心扉。

### ☆自我传达

- "妈妈对于你能这样做真的感到很高兴。"
- "妈妈因为你这样的行为感到很伤心。因为感觉被无视了，所以有些不知所措。"
- "妈妈所希望的就是你能够这样。"

这就是向孩子准确表述自己心情的方法。因为不是以"你"作为开头，孩子不会有被责备的感觉，所以妈妈和孩子可以心平气和地进行对话。生气了要告诉孩子为什么生气，高兴了也要告诉孩子为什么高兴，希望孩子怎样做就明确地讲出来，这才是正确的沟通方法。当妈妈用"自我传达"的方式明确表达自己的想法时，孩子接受起来也会更加容易。

### ☆确认彼此的想法

为了更好地进行对话治疗，妈妈和孩子需要在对话过程中确认彼此是否正确理解了对方的意思。含糊其词的做法往往会造成矛盾，加深误会。比如，妈妈认为孩子答应了自己要努力学习，结果孩子却又在看漫画。所以妈妈要把自己理解的意思复述给孩子，确认孩子所说的话到底是不是自己所理解的那个意思，"你所说的是……这个意思吧"。像这样：

**妈妈**：你是说现在要努力学习不再看漫画了对吧？

**彩源**：不是，我是说学习的时候努力学习，休息的时候看漫画。

**妈妈**：那就是先学习，剩余时间看漫画对不对？

这样做能够帮助妈妈正确理解孩子的想法，并帮助孩子实践自己的约定。

- "你是说想每周都请小朋友来家里玩对吗？"
- "你是说可以给弟弟玩你的玩具，但却怕弟弟弄坏了是吧？"
- "你是说并不讨厌妈妈催促你做作业，而是讨厌妈妈皱着眉头对你说话对吧？"

## ☆ 提问

在辅导过程中提问十分重要。因为在被提问的瞬间，孩子便开始了思考。好的问题不仅能够让孩子领悟到之前没有领悟到的东西，而且还能够帮助孩子对已经知道的事情进行整理。所以专家们一直在反复研究到底什么样的问题对孩子才更有帮助。

而妈妈们如果要想像专家一样提问，就必须从现在起进行改变。不要再提出像"你到底为什么要这样"这样责备式的问题，而是要改为"妈妈想，你一定有这样做的理由，告诉妈妈好吗？"

30分钟就能完成的作业，孩子却做了两个小时，这种时候仅靠倾听是没有效果的，因为这毕竟是孩子自己要完成的事情。这时不如这样提问：

- "做作业的时候有什么困难吗？"
- "怎样做才能更容易地完成呢？"
- "有什么需要妈妈帮助的地方吗？"
- "做完作业你想做些什么呢？"

这样有助于让躁动不安的孩子思考清楚自己究竟遇到了什么问题。

大人们一般害怕孩子不做作业或者要求家长替自己做作业，但其实孩子并不是这样想的，他们会发自内心地感谢帮助自己解决困难的父母。万一孩子提出让家长代做作业，那么家长一定要明确地告诉孩子"帮助你的意思是帮助你更好地完成作业，绝不是代做的意思"。

用数字来提问。当孩子在表达自己的感受时，让孩子用数字来说明程度。比如担心的程度、期待的程度，全部用具体的数字标明，这样就能轻而易举地明白接下来要做些什么。

- "如果有 1 ~ 10 级，现在是几级？"
- "现在生气的程度是几级呢？"
- "和妈妈在一起时，心情是几分？"
- "为了降低等级要怎样做才好呢？"

这些问题都能够帮助孩子明白很多以前所不知道的道理，并认识到自己也可以提高自己的能力。此外，我们还要问孩子在困难的情况下是如何坚持下来的，或是怎么做到的。"应该很困难，你是怎么坚持下来的？秘诀是什么呢？""是什么力量支撑着你坚持下来的呢？"

### 对弟弟大声喊叫的孩子

- "碰到这种情况你应该很想打弟弟吧，可你是怎么忍住的呢？"
- "弟弟在做什么的时候你不会生气呢？"

### 虽然遭到朋友冷落却依然坚持去上学的孩子

- "是什么力量使你克服这个困难的呢？"
- "以前也有和同学关系很好的时候吧，是什么时候呢？"

这样的问题能够让孩子明白自己具有怎样的能力与力量，同时明白自己做出什么样的举动可以减少矛盾。因此这样的问题能够使孩子发现自己的潜能并提高自尊感。

●"你想要选择哪个？"

孩子在做出某种行为时一般对选择缺乏概念，所以大多数情况下都是一时冲动。而如果我们让孩子停下来思考一下，有助于孩子养成选择的习惯，学会通过分析做出更好的选择。

## ☆沉默

沉默也是对话的方法之一。如果孩子放学回到家无精打采，不论怎样说都没有反应的话，不如沉默来得更好。因为有时沉默能够让我们彼此更好地整理思绪，为随后的对话做好准备。在沉默的时候，妈妈可以通过观察孩子的动作或表情了解孩子的心理变化，温柔地望着孩子能够起到让孩子镇定下来的作用。这样做孩子就会自己先开口。

## ☆"此时—此地"

妈妈和孩子之间可以多探讨一些"此时—此地"的感受。一般妈妈担心孩子都会与孩子聊一些在学校发生的事情或者是将来会发生的事情，与其这样，不如多讲一讲"此时—此地"两个人的心情。维系好此时此地的关系，有助于孩子保持心理的稳定。

### 孩子犹豫不决时

●"现在有什么话想说吧？"

### 孩子视线回避时

●"不同意妈妈所说的吧？"

## ☆具体地、详细地

"我学到了很多，很有帮助。我会好好做，会努力的。"

孩子总是会说一些这样笼统的话。觉得好的时候一般不会说为什么觉得好，感谢的时候也很少说为什么感谢。

- "能告诉妈妈你学到了什么吗？"
- "能具体说说在什么时候感觉有帮助吗？"
- "请详细地说一下哪部分是你特别想要去做的吧。"

## ☆ 直截了当地

- "想要好好学习的人就不会拖延作业。"
- "爱家人的人不会打弟弟妹妹，而是会想其他的方法。"
- "想要实现梦想的人每天都会为实现梦想而努力。"

孩子有很多言行不一的时候。一面想要好好学习，一面却不想做作业；一面想要得到妈妈的爱，一面却做着妈妈不喜欢的事。所以孩子需要去面对现实，尽管承认不足是件很难的事。因此为了让孩子学会面对现实，家长要或小心或直接地将事实讲出来。在经历过支持、鼓励、提问等多个对话环节后，直接的对话方式更有助于让孩子明白自己想要什么。但如果孩子还没有做好改变的心理准备，这样的对话方式反而会让孩子恢复到原来的状态。

## ☆ 寻找亮点的对话

- "原来是想让妈妈高兴啊。"

孩子说谎有时是害怕妈妈失望或是生气，所以我们必须先认识到孩子想要让妈妈高兴的出发点，这样孩子才会减少说谎的次数。

- "妈妈知道你想做作业，只是太累了，所以想休息一会儿再做。"

孩子知道作业是一定要做的，所以我们要以此为铺垫，这样孩子休息够了就会自发地去做作业了。

只看到孩子的缺点，很难通过对话帮助孩子成长。而如果我们能够发现孩子好的想法，或是好的出发点，就能够改变孩子的行为。

## 进行治愈性对话的方法

上二年级的俊秀总是容易做出冲动性的行为。他虽然也想和其他小朋友和谐相处，但不知道方法，所以总是打架。在进行了两次心理治疗后，我充分了解了俊秀的想法。他是头脑非常聪明的孩子也经常会有一些自己的想法。"这样做可以吗？"每当这时我都会称赞他的点子很好。在辅导的过程中我总是会给孩子每一个细小的行为都赋予意义。

这是我们第三次见面时的对话。一见面孩子就从书包里拿出迷你赛车，说自己要玩赛车。因为是完全没有预料到的行为，所以一开始治疗师想要拒绝。为了减少孩子的冲动性行为，必须做一些计划性联系。

俊秀：我想要玩赛车。

治疗师：想要玩多久呢？

俊秀：就一会儿。

治疗师：一会儿是几分钟呢？

俊秀：3 分钟。

治疗师：好的。（孩子边玩边问到没到 3 分钟，还会反复看表，最后自己乖乖地回到座位上坐好。）

治疗师：你真是一个遵守约定的好孩子，一旦答应了就会做到。

俊秀：嗯，我就是这样的。

治疗师：那么赛车，是放在桌子上，还是放在那边看不到的地方呢？

俊秀：这里，桌子上。

治疗师：要是你禁不住诱惑去摸怎么办？

俊秀：我不会的。

治疗师：那好，就这么定了哦。（俊秀和治疗师一起边折纸边聊天，经过了

20 分钟又到了休息的时间。）

　　俊秀：哈！休息的时间我要玩赛车。

　　治疗师：哦？那我们的约定呢？

　　俊秀：怎么了，不是休息了吗？我只在休息的时间玩。

　　治疗师：可是你不是答应我上完课再玩吗？现在只是休息，并不是结束啊。

　　俊秀：休息时间不是没关系吗？

　　治疗师：不是这样哦，这可违背了我们的约定哦。

　　（孩子很固执，治疗师将椅子搬到了俊秀面前，牵起俊秀的双手，望着俊秀开始慢慢地说服他。）

　　治疗师：我们刚才约好结束之前都不能玩，对不对？

　　俊秀：对。

　　治疗师：原来俊秀还记得，只不过还缺少遵守约定的意愿。

　　俊秀：不是，不是的。

　　治疗师：那是说你可以遵守约定了？

　　俊秀：嗯。

　　治疗师：那么就要坚持住哦，让我知道你只要答应了就一定能做到。（随后直到辅导时间结束，俊秀都没有再碰赛车。）

　　治疗师：今天你只有一次没能遵守约定，所以说只要下定决心就一定能做到。（虽然这样说了，但孩子却并不是很高兴。）

　　治疗师：难道是因为没有遵守约定而不高兴吗？

　　俊秀：（点头）

　　治疗师：原来是这样啊，下次能够一直遵守对吧？

　　俊秀：（继续点头）

　　治疗师：哇！这样啊，原来你这么想成为一个遵守约定的人啊。

　　治疗的效果究竟如何呢？这要从孩子微小的变化上来看。是不是回答"是"

的时候更干脆了？是不是比以前回答得更温顺了？是不是对弟弟妹妹不再粗鲁了？是不是乖乖听话做作业了？或是比以前更加叛逆、更加爱生气了？

　　妈妈开始心理治疗后，大致会出现两种情况：或是行为有所改善，或是撒泼耍赖。可能只出现其中一种情况，也有可能两种情况同时出现。发现孩子的变化后，一定要分析这些变化所代表的意义并抓紧寻找应对的方案，但其中发现变化的环节最为重要。因为只有认识到了变化，才能去寻找对策。

**给妈妈的小贴士**

## 分享此时—此地（here&now）的感受

"你不说话让妈妈有些不知所措，也很懊恼什么都帮不了你。"

就算是和孩子沟通没有障碍的妈妈也会犯同样的错误。

那就是不知道应该和孩子分享"此时—此地"的感受。一般妈妈出于对孩子的担心，都会和孩子聊一些学校发生的事情或是今后有可能发生的事情，却很少讲"此时—此地"。

其实妈妈们不如和孩子聊一聊"此时—此地"发生在两个人身上的事情，这就是讲述"此时—此地"感受的沟通方法。如果"此时—此地"能够建立良好的关系，孩子的情绪将更加稳定。

"此时—此地"的交流对孩子行为所产生的影响是最大的。比如孩子有什么难以说出口的事情，安抚比催促更重要。

**孩子犹豫着要不要开口**

● "有话对妈妈说吧？"

● "是不是害怕妈妈教训你所以不敢说？"

● "妈妈不会教训你的，放心说吧，不用担心。"

**妈妈说话的时候，孩子精神不集中**

● "看来你不太同意妈妈所说的。"

● "希望妈妈能聊些别的对吧？"

● "看来你的想法和妈妈有些不同，能告诉妈妈你是怎么想的吗？"

像这样根据"此时—此地"孩子的反应进行聊天，即便是孩子不喜欢的问题也能够轻松地解决。

但也有一种时候妈妈们注意到了孩子"此时—此地"的反应，那就是孩子生气了瞪着妈妈们的时候。"你，竟然敢瞪妈妈！""还敢摔门！"或是对好不容易鼓起勇气要说出自己感受的孩子教训道："怎么像个傻瓜似的不说话？"这种沟通方式显然是没有效果的。

聊以前或是今后的事情，不如聊现在的事情。如果孩子现在能敞开心扉，那么接下来解决其他问题也会变得容易许多。

"能和你一起这样开诚布公地谈心真的很好，你呢？"

# 疗愈效果极大化

 **察觉孩子积极的变化**

孩子会随着妈妈付出的努力而发生改变。但这种变化并不像 180 度大转弯那样明显。所以需要妈妈们敏锐的洞察力，并给孩子以正面的反馈，从而让孩子继续朝着好的方向发展。

6 岁的世珍想要和堂姐一起玩，但是堂姐觉得 3 岁的妹妹可爱得不得了。虽然世珍小声地叫着"姐姐"，但堂姐却置若罔闻，这让世珍伤心不已，眼泪流个不停。妈妈看到后二话不说就抱起了世珍，轻拍着世珍的背安慰世珍。

为了不善表达的世珍妈妈十分操心。以前她总是告诉世珍："跟姐姐说想要一起玩不就行了？""和弟弟、姐姐一起，3 个人一起玩不就行了吗？"

如今她发现这样做似乎是行不通的，而且她也清楚地明白像以前那样做对孩子是没有任何帮助的。但突然叫她与孩子进行更深入的交流又有些难为情，所以她只能用拍背的方式给孩子安慰。

她按照治疗师的话，改变方式并观察孩子的变化。她发现孩子先是回到了自己原来独自玩耍的地方，大概过了 5 分钟，世珍走向姐姐并声音洪亮地跟姐姐说："姐姐，我们 3 个人一起玩吧。"

事实上像这样微小的变化，如果妈妈不留意是根本不会察觉的。所以如果觉得很难察觉，或是担心自己又像以前那样对孩子，不如试着写一写观察日记来记录孩子的变化。比如："之前的孩子明明会那样做，但现在却这样做了。"

这样写出来就更加一目了然了，而且学会用文字描述孩子的行为还能够让妈妈更加清楚有什么是需要自己知道的，而有什么又是之前自己根本不知道的。

### ☆ 真的变好了吗？

如果出现好的转变那自然是再好不过的了，但有时候孩子反而会变得更加不听话，这便会让家长开始怀疑自己的所作所为是否出了问题。下面是 7 岁的贤重与父亲的故事。

贤重平时很害怕爸爸，因为爸爸经常会大声教训他，甚至有一次贤重还被吓晕了过去。自此贤重爸爸认识到自己的问题，并下定决心要消除贤重对自己的恐惧。

贤重爸爸答应治疗师不对孩子发脾气，并且不论发现孩子有什么问题都要讲道理。

贤重爸爸真的很努力。每天下班他都微笑着跟贤重打招呼，而且就算贤重很晚才做作业，他也只是说一句"该做作业啦"。除此之外，他每周末还会陪贤重去游乐场，一个月与贤重一起进行一次两天一夜的旅行。现在孩子看到他会不好意思地笑一笑。虽然还没有完全敞开心扉，但发生的变化还是很明显的。有一天父子两人出去散步，累了坐在公园的椅子上，爸爸问贤重——

**爸爸**：喜欢爸爸吗？

（贤重无声地点头。）

**爸爸**：有多喜欢？

（贤重伸出手比了一个棒球大小的圆。）

**爸爸**：只有这么一点吗？

努力了一个月，在问孩子有多喜欢自己时，贤重爸爸以为孩子会伸出双臂画一个大大的圆，但事实上他要走的路还很远。孩子 7 岁那就是 7 年，怎么可能一个月之内就把那 7 年内留下的所有伤痛和怨恨都洗掉呢？现在只是开始，但开始是成功的一半，既然都已经成功了一半那就继续努力吧。

受到治疗师的鼓励，贤重爸爸继续努力着。但是贤重突然开始经常对爸爸发起脾气来。比如明明是自己摔倒了却说是因为爸爸，而如果爸爸提议做些什么，他又总是说"不喜欢，不愿意"。努力了两个月，孩子却做出这样的反应，不禁让贤重爸爸开始怀疑自己是否做错了什么。

让我们站在贤重的立场想一想。

平时一向严厉的爸爸突然开始陪自己玩，虽然不知道是为什么却并不讨厌。但还是要小心翼翼，因为不知道爸爸什么时候又会大声发脾气。然而即便这样还是很高兴，渐渐地开始希望爸爸能够一直这样下去。当爸爸问自己有多喜欢他时，为只回答"一点点"而感到抱歉，但爸爸似乎真的变得跟以前不一样了，不知道会坚持到什么时候。如果犯错的话，大概又会变成原来的样子了吧。所以贤重才会不知不觉地对爸爸耍赖发脾气。

贤重真的有所改变吗？分明是改变了。现在贤重的行为是典型的"治疗倒退"，为了解开心里的结而反复地确认再确认。当然并不是有意识地这样做，是之前留下的那些难以言表的伤心和伤痛致使孩子做出了这样的反应。所以现在孩子是在确认爸爸是否真的变了，是否真的值得信任。只要过了这一关便会变好，会变得对爸爸更加信任。

"原来是怕爸爸又变回原来的样子啊。""爸爸以后也许也会发脾气，但不会像以前那样大声地训斥你，而且就算生气也会同你讲道理的。爸爸会继续努力的。"

此时此刻，如果爸爸能够这样对孩子说就再好不过了。这样一来孩子就会真正地接受爸爸的改变，并逐渐恢复心理健康。

## 孩子什么时候才会敞开心扉？

请留意孩子在何时以何种方式开始敞开心扉。MBC "爸爸！我们去哪儿？"节目中，有一段尹民秀与儿子尹厚的对话，很好地展现出了父子间的对话是如何影响孩子的。

如果我们直接让孩子说自己为什么不开心，孩子一般是不会说的。但如果我们能够让孩子知道爸爸妈妈可以理解他，那么孩子就会打开心扉，把之前一直无法说出口的担心、不安、伤心和孤独一下子说出来。

请留意一下孩子是在何时、何种情况下开始敞开心扉的。尹民秀和尹厚两个人钓完鱼后回到帐篷里，爸爸先是抱着孩子在被子上滚来滚去地打闹，接着尹厚突然开口。

**尹厚**：我是不是不太可爱？

**爸爸**：你？当然可爱。

**尹厚**：不可爱。

**爸爸**：你非常可爱。

**尹厚**：不可爱。

**爸爸**：可爱。

**尹厚**：不可爱。

**爸爸**：你长得和爸爸一样，所以特别可爱。

**尹厚**：爸爸，你不喜欢我吧？不喜欢我吧？不喜欢我吧？

**爸爸**：爸爸为什么不喜欢你？

**尹厚**：不喜欢。

**爸爸**：喜欢。

**尹厚**：爸爸，你不喜欢尹厚吧？

**爸爸**：唉，都说了喜欢。（两个人决定做秘密钓鱼游戏。两个人边唱歌边钓鱼。突然尹厚又开口问爸爸——）

尹厚：爸爸不喜欢尹厚吧？

爸爸：没有啊。对了，尹厚——

尹厚：嗯？

爸爸：为什么觉得爸爸不喜欢你？

尹厚：啊，都是开玩笑的，爸爸你不用上心。（过了一会儿尹厚又开始问"爸爸，你不喜欢我吧？"所以这次爸爸开始问尹厚。）

爸爸：以前爸爸没能陪你玩，讨厌爸爸吧？

尹厚：那时候？只有一点，一点点讨厌。在我还是小孩子的时候，在我零岁的时候，那时候家里也没有爸爸的房间。

爸爸：嗯。还记得那时候咱们家很小吗？你那时候也特别小。

尹厚：但是爸爸，你那时候每天都睡在哪儿啊？

爸爸：爸爸？睡在其他地方。那是因为爸爸太忙了，所以你刚才才一直说爸爸不喜欢你吧。因为记着小时候的事，对吧？

尹厚：嗯。那时候你不陪我玩，但是现在我很喜欢爸爸，特别、特别喜欢。

爸爸：因为爸爸能够经常陪你？

尹厚：嗯。

爸爸：和爸爸一起出来旅行高兴吧？

尹厚：嗯，特别高兴。

爸爸：过去爸爸对不起了。

尹厚：嗯？不用说对不起。那都是过去，过去的事情了。

爸爸：过去只是过去对不对？

尹厚：嗯。现在忘掉过去，因为我们还有未来。

孩子将心里的担心在最开心的时候和盘托出。过去爸爸因为工作忙没能陪孩子，孩子心里一直担心爸爸不喜欢自己，所以才会反复地问同一个问题。直到听到爸爸肯定的回答，孩子才彻底地放下心，孩子现在非常喜欢爸爸。孩子的内心正是这样变化的。

## 支持孩子的改变

孩子的行为发生改变后，妈妈所要做的就是给予支持和鼓励。这里有些应用起来十分见效的话。如果家长能够经常对孩子说这样的话，将有助于孩子形成更加成熟的自我。这样一来，就算遇到与之前相似的危机，孩子也能够顺利地克服困难，同时这些话的正确使用还能够给孩子以坚持下去的动力。

- "你是一个敢于表达自己意愿的人，这样做真的很帅。"
- "你真的很勇敢。即便很辛苦，只要下定决心就一定会做到。"
- "你是一个敢于说出自己真实想法的勇者。"
- "你是一个能够履行承诺的人。"
- "你是一个知道应该怎样抉择的人。"
- "你真是一个聪明的孩子，能够自己通过分析找到最好的方法。"
- "你是一个能够注意力集中的好孩子。你认真做事的时候真的很帅。"

### 观察日记

| 孩子（某某）观察日记 | | |
|---|---|---|
| 时间 | 年　　月　　日 | |
| 情况 | | |
| | 孩子以前的行为 | 孩子现在的改变 |
| 01 | | |
| 02 | | |
| 03 | | |

**给妈妈的小贴士**

## 打造"我家"的心理治疗室

"现在似乎要发生什么值得期待的事情了。"

我们要打造这样一个能够让孩子产生这种想法的环境，新的事情最好在新的环境里发生，因为让孩子认识到不同非常重要。曾经不理解自己的妈妈现在要变得能够理解自己了，这让孩子既不安又期待，而新的环境能够让妈妈和孩子同时下定决心发生改变。

这样说并不是要让大家真的装修出一间治疗室，而是指定场所。可以是孩子的房间、妈妈的房间或是客厅的一角，只要铺上坐垫即可。如果很难做到的话，也可以用彩色胶带在地上标记出一块空间。就算是这样简单的画线标记，孩子也会将这里视为自己幻想的世界。空间所带来的象征意义具有极大的力量，而妈妈的心理治疗如果能够在特别的空间里进行会更加有效。

# Part 3

## 引向治愈与成长
## ——妈妈的心灵指导

# 清除内心情绪的脏东西

**妈妈的苦恼：孩子不说话，只是发脾气，我该怎么办？**

我的孩子是一名小学生，好像有什么不开心的事情，问他，他却不说。询问过老师，说是并没有什么特别的事情，但孩子却无端向弟弟发火。只因弟弟说要向妈妈告状，孩子竟然把书扔掉了。真是话也不说就胡乱发火。

我只是问了一句"做完作业了吗"，孩子便十分不耐烦，"咣"地摔门而去。问他什么都不说，只是变得越来越粗暴，我不知该怎么做了。孩子究竟为什么会这样呢？

## 孩子为何产生这种行为？

如果在没有发生特别事情的前提下感觉孩子的行为出现异常，这就要考虑一下孩子的内心了。妈妈需要静下心来，一点一点厘清孩子哪里不适。也许是某些未被清理的、情绪上的脏东西正在折磨孩子的心灵。

如果孩子在心灵上是健康成长的，即便有不开心的事情也不会用这种方式来表达。当然，发脾气和大哭也是可能的。但他们会迅速一五一十地回答妈妈的问题，可以通过对话表达为何难过和担心。只要一点帮助，孩子就能进行自我安慰，也能成熟地表达自身感情和想法。若非如此，一定有什么东西在内心深处藏起来折磨孩子从而引起了不愉快。

## 隐藏在孩子心里的那些东西

观察孩子的心灵要从除去他们内心情绪的脏东西开始，先来确定孩子的内心世界究竟有什么脏东西吧。心理治疗这项工作正是通过直面过去的伤疤来进行治愈，使其不再疼痛，继而用全新的幸福记忆重新把内心填满。不要因为发现是妈妈的错就假装不知而回避孩子的创伤，掩埋只会使创伤腐烂，加重孩子的病痛。充分露出创口并且给予医治和照顾，孩子会从创伤中得到认识，继续成长。

有一种情形是与朋友见面聊天，内心得到疏解。但还有一种情形是不快的情绪再次反复，反而觉得痛苦或是白白交流。如果觉得内心确实畅快了、交流沟通做对了，那一定是有人原原本本地接受了自己的心灵，并且给予了安慰和共情。这一点十分重要。那位朋友扮演的正是心理商谈师的角色，他所做的正是治疗性的介入。

情绪上的脏东西必须靠治疗性的介入才能尽数洗去。在这项工作中，最重要的不是教，而是帮助对方在不知不觉间发现心里已经被舒畅的情绪填满。贸然突进会让孩子在心里建立更坚实的防御墙。因此不要着急，不妨在孩子的内心世界里充分逗留，帮他们干干净净地清理心灵的脏东西。

## 孩子期望的与妈妈应给予的

内心有积压创伤的孩子期望的东西很简单——即使不说，妈妈也能了解自己的内心。但这并非易事，不说又怎能了解呢？因此需要妈妈有共情能力。

共情大致可分为情绪共情、认知共情与表达共情3大方面。情绪共情指的是理解他人情感并且感同身受的情绪性要素；认知共情指的是在某些情形中理解他人观点、理解他人之所以那样思考和感受的认知性状态；表达共情指的是将内在的情绪共情与认知共情用语言及行为表达出来的交往能力。

简单说来，共情能力就是：理解孩子感受到的情感和基本情绪，理解、包容孩子所处的社会环境与孩子产生感想的原因，再将理解消化过的情绪、认知共情表达给孩子的能力。有人也许只擅长情绪共情，也有人只擅长认知共情。

众所周知，校园暴力的施暴儿童缺乏情绪共情能力，所以，施暴儿童会说自己不知道被打的孩子会疼，也会在折磨小动物和朋友时表现出快乐的神情。情绪共情能力缺失就会表现出支配和虐待他人的倾向。

由于大脑未发育成熟，孩子的认知共情能力尤其脆弱，所以会发生错误理解表情这类事情。他们可能将他人的一般注目视为怒视而发火，也可能误认为朋友只讨厌自己。这是认知共情能力不足，无法通过他人的表情、语气、态度等理解其想法以及掌握情况。这容易导致朋友关系出现矛盾，也可能因不能对不同的社会环境采取正确态度而成为集体排斥的对象。

妈妈通常认为自己与孩子的内心世界非常好地进行了共情。但有的妈妈虽能够理解孩子的情绪，却对孩子身处的环境与孩子的想法缺少感觉。有的妈妈可以很好地理解社会性状况，却不能及时反应过来孩子的情感和情绪状态。还有的妈妈能做到情绪共情、认知共情，却完全不向孩子表达，导致孩子非常孤独和悲伤。同时，孩子很有可能照搬妈妈缺乏的那种共情能力。

妈妈应该了解自己擅长与不擅长的共情能力，并且加倍努力完善欠缺的部分。对于想要好好培养孩子的妈妈而言，共情能力是必要条件。有研究表明，在孩子的胎儿期和婴儿期，妈妈表现出的共情能力对孩子的发育有重大影响，在给孩子开展心理治疗前必须要先准备好妈妈的共情能力。共情能力可以是与生俱来的，也可以在后天通过练习获得。逐渐练习下来，你会发现自己不知不觉成了会共情的妈妈。

## ✦ 培养共情能力

情绪共情做得好的妈妈不仅会在孩子难过或者发脾气时读出"不高兴了""在生气"的情绪，还能够读出隐藏在表面情绪下面的核心情绪。"惊慌了，不安了，烦闷了"，哪怕只是像这样理解孩子，孩子的内心也会得到安慰、生出力量。

如果告诉孩子"你是因为这个有这种感觉的啊"，孩子也会对自己产生更深的理解。虽说对朋友的讨厌情绪、对老师的埋怨情绪还是无法避免，但孩子在认识到为什么会产生那种情绪之后会主动思考自己该如何做什么事情。在这种能力尚且不足时，妈妈的"所以你会有这种感受啊"、"所以你会有那种想法啊"这样的认知共情会帮助孩子理解自己，也会让孩子去思考以后该怎么做。

现在，为了治愈孩子的心灵，我们先来练习共情反应。人们对类似的情形可能做出不同反应。请思考以下两种反应中哪一个是共情性反应。

① "上课认真做报告，好好听老师的话。知道了吧？"
② "你在课堂上做了报告，也认真听讲了，妈妈真的很高兴。孩子们那么吵闹，本来不容易集中精力的，但你是怎么做到的呢？"

① "怎么这么晚啊？也不给妈妈打个电话，怎么能这么晚回来啊？"
② "你回来晚了妈妈很担心，一直在想着什么时候才能回来，更着急了。你也不和妈妈联系，妈妈都生气了。"

① "你忍一忍吧，为这么点事情至于吗？过一阵就好了。快洗一洗，去

做作业吧。"

②"你有多难过啊！换作是我也会那样的。作业以后再做吧，和妈妈一起做点好吃的好不好？"

## ✳ 为期 10 周的妈妈心理治疗

现在正式开始治愈孩子的心灵。就像一边给自己膝盖上的伤口抹药，一边轻轻地给它吹气——我们只需有这样的思想准备。妈妈的心理治疗旨在清除孩子内心的脏东西，焦点就是制造孩子此前盼望的母子幸福时间。

先进行为期 10 周的治疗。最初每天都做会有些困难，所以每周固定一天，在那一天固定具体的时间。然后给这段时间起一个名字——"幸福游戏时间""和妈妈约会"等，最好和孩子一起商量，选定孩子建议的那个名字。希望妈妈是以按时去心理咨询室的思想准备来进行计划，最终一定会发现孩子的内心大有不同。

不需要按顺序一一进行本书提供的众多方法。你可以从容易操作的、自己的孩子可能喜欢的方法开始。我们也不提倡太多的准备，毕竟这不是最重要的，观察孩子的心灵才是关键，过多的准备工作只会让妈妈感觉有负担。重要的是妈妈轻柔地清空自己的内心，再用孩子的情绪将它填满。"我的孩子感受如何""我的孩子喜欢什么、讨厌什么"诸如此类。当妈妈心里满是孩子的内心世界时，所有事情都开始迎刃而解了。

妈妈的心理治疗可以像做有趣的游戏。孩子会在玩兴正浓时突然提起不快或者难过的事情，这时最重要的是运用"你很难过啊"这样的表达与孩子共情。这个游戏同样适用于心理健康的孩子，因为它对提前培养心灵力量来说也是极好的方法，可以应用给所有孩子。

## 清除内心情绪脏东西的心灵成长 10 周计划

在下面 10 周的计划结束后，建议妈妈根据孩子的情况从全书搜索合适的活动再制订下一个 10 周计划。如果妈妈能从孩子的幼儿期开始到小学毕业保持每周一次的心理治疗，那么孩子的心灵会非常强大。

| 周　别 | 活　　动 |
|---|---|
| 第一周 | 游戏治疗——通过打破报纸来扫除内心的脏东西 |
| 第二周 | 游戏治疗——将报纸碎片装入塑料袋，做成球玩游戏 |
| 第三周 | 气球游戏 |
| 第四周 | 向英雄求助，或者模仿英雄 |
| 第五周 | 读书治疗——从和我相仿的孩子身上得到安慰 |
| 第六周 | 读书治疗——痛快地表达 |
| 第七周 | 读书治疗——领悟我内心究竟有多重要 |
| 第八周 | 写作治疗 1 |
| 第九周 | 写作治疗 2 |
| 第十周 | 照片治疗 |

### 第一周：游戏治疗——通过打破报纸来扫除内心的脏东西

我们把经常和孩子一起玩的报纸游戏当作治疗游戏。普通游戏与治疗游戏的区别并不在于游戏本身，而在于妈妈随着游戏进行而开展的治疗性对话。如果孩子羞于表达自己的想法，那么妈妈首先表现出释放压力的姿态会更好些。

①妈妈将报纸展平，握住左右两边。

②孩子举起拳头，做好大喊的准备。

③妈妈数完"一、二、三"，呼唤不开心的孩子，让孩子说出想说的话。

（例：××，你为什么总是打我？不要打我！）

④孩子用拳头打碎报纸。

⑤妈妈对孩子大喊着打破报纸的行为表示支持和鼓励。

如果打破报纸的游戏进行顺利可以多次反复。

☆妈妈的治愈对话

- "这不是普通的报纸，是魔法报纸哦。"
- "大喊着把报纸打破的话，你心里的烦躁和怒火就会消失不见了。"
- "来，想起来了吧？那现在就大喊着打破报纸吧。开始！"
- "哇，你很好地打破了报纸呢！"
- "我的 ×× 把不开心这件事表达得非常好，太棒了！"
- "学会表达不开心可是非常重要的。"
- "我的 ×× 知道怎么正确表达了，妈妈放心啦。"

## 第二周：游戏治疗——将报纸碎片装入塑料袋，做成球玩游戏

现在把打破后的报纸收集起来做球类游戏。妈妈和孩子各举一个塑料袋，喊"开始"的同时，比赛谁收集的报纸碎片多。

这时，妈妈可以通过"应该是我收集的更多、妈妈能做得更好"这样的表达来激励孩子，引导孩子回答"我会收集更多的！"来营造热烈的氛围。将全部收集好的两个塑料袋合在孩子的那个袋子里，做成报纸球。要使游戏达到治疗性目的，妈妈主导的对话很重要。

☆妈妈的治愈对话

● "哇，你做了一个报纸球！给这个球起什么名字好呢？"

● "你和妈妈一起把压力打破丢掉了，所以说给它（这个球）起一个好名字应该挺不错的。"

● "消失球，无所谓球，零烦恼球，超级痛快球，萤雪之功[①] 这样的名字怎么样？"

● "萤雪之功是什么呢？"

● "萤雪之功说的是贫穷的人借助萤火虫的光和雪地映出的光来看书，是在艰苦的环境中学习的意思。我只是想起了这个词，所以提了一下。"

假如孩子想不出好的名字，妈妈可以举几个例子。当孩子提出新的名字时，选用该名字；如果没有新想法，鼓励孩子从妈妈举的例子中选择一个。妈妈与孩子玩扔球游戏，愉快地结束治疗。

## 第三周：气球游戏

当孩子看起来闷闷不乐或者发出心情不好的信号时，妈妈就悄悄取出一个气球吹起来。妈妈最好在心理治疗百宝箱中事先准备好气球。比起"妈妈给你吹气球""我们来玩气球吧"这样的话语，直接行动的效果会更好。

☆妈妈的治愈对话

● "知道这是什么吗？这是妈妈心里不开心的脏东西。妈妈今天有不高兴的事情，所以要这样使劲吹气，心里就会畅快起来啦。"

气球吹好后不要扎起来，用手捏住气球的嘴儿，大声说"不高兴的心情飞

---

① 译者注：韩语中，"球"与"功"音同字义不同。

走吧！"同时放开捏住气球的手。于是气球一边发出有趣的声音，一边飞来飞去，直到气撒尽气球掉在地上。

这时也给孩子拿出一个气球，一起做放飞气球的游戏。"我的 ×× 也这么不开心啊，使劲吹吧！"假如孩子难以吹起气球，妈妈可以说"妈妈来代替你吹气球吧！"气球在被初次吹满气又撒气后会变得容易吹，所以孩子也可以尝试。

心情在几次气球游戏之后产生放松的感觉，就可以最后一次吹起气球，不要撒气，扎起来。在圆鼓鼓的气球上用签字笔写下生气的事情，重新用手或脚做打气球的游戏。最后，如果孩子不害怕的话，可以用脚踩爆气球。

进行气球游戏的过程中可以随意与孩子聊天，这样的对话可以痛快地放飞心灵的脏东西。

## 第四周：向英雄求助，或是模仿英雄

孩子最喜爱的人物或者角色是谁？喜欢足球的男孩会把朴智星当作偶像，也有孩子希望自己像超人或者钢铁侠，也有孩子喜欢日本殖民统治时期的民族英雄"新娘面具"。孩子们在电视剧版《新娘面具》落幕后依旧喊着"新娘面具不会饶恕你！"对"英雄游戏"乐此不疲。本周的治疗正是利用这种心理，因为这些人物是孩子们最喜欢、最羡慕、最希望仿效的人物。

我们试一下这种心理技巧：好像我就是××。让孩子像是真的成为英雄那样思考、说话和行动，让孩子想象着"好像我就是 ××"去做想要做的事情。这一技巧同样有助于孩子摆脱自我设定的心理界限。

如果孩子羞于直接模仿英雄，可以把英雄设为孩子的守护天使。妈妈在角色扮演小短剧中扮演孩子的守护天使 ×××，对孩子高呼"×××，请帮帮我"。还不太会说话的孩子、恐惧或不安情绪严重的孩子会难于直接表达，而直接攀谈可能会使孩子逃避或者警惕起来。所以，以玩具或者其他角色作为中介进行对话可以相对轻松地敞开孩子的心扉，孩子也会像期盼着一样吐露内心。

### ☆妈妈的治愈对话

- "你好，我是你的守护天使。你想说什么都可以，我永远站在你这边。"
- "你只要说出来，我就会去想怎么帮助你。"
- "哇，真像朴智星，和他一模一样！"
- "把对的事情坚持到底没放弃，你就是现代的新娘面具！"
- "你真是像钢铁侠，既勇敢又坦率。"
- "钢铁侠在上学时是什么样子的？作业和学习这些事情都是怎么做的呢？"
- "那么厉害的钢铁侠是怎样造就出来的呢？"

## 第五周：读书治疗——从和我相仿的孩子身上得到安慰

《那是我的背心》里有一只自豪地穿着妈妈做的背心的小老鼠。鸭子来了，想要穿一穿背心，小老鼠毫不犹豫地说"好"；猴子来了，也想穿一穿背心，小老鼠也说"好"。水獭、狮子、马，就连大象也要试穿背心。我们看不到小老鼠的面孔，只听得到它的回答："好。"

看着自己珍爱的背心渐渐被撑坏，小老鼠会是怎样的心情？为什么小老鼠一句话也不说呢？一般的小孩子看到自己的衣服被扯坏绝不会坐视不管的。

小老鼠就是不忍心说"不愿意"的孩子，不会说"不要穿"来拒绝别人的孩子。体型庞大的大象穿上背心，几乎就要把背心撑破了，小老鼠才惊恐地悲鸣"我的背心！"小老鼠忍耐、忍耐、再忍耐，直到几乎要绝望那一刻才发出哀鸣。小老鼠穿着比自己的身体大5倍多、肩膀已经耷拉下来的背心离去的背影让人难过。

孩子们脸皮薄，不能表达自己内心的情形也是类似的。如果孩子能够代替主人公说出"不要！不可以"，压抑的内心会有些许轻松。

☆妈妈的治愈对话

- "我的背心！那是我的！不行！不要！"

如此痛快地大声重复 10 遍。

内心会随着大声呼喊意外得到放松。哪怕只是呼喊，内心也会变得舒畅，累积的眼泪也会奔涌而出。以书为媒介来讨论孩子内心时，模仿主人公做角色扮演往往比单纯讨论书的内容更有效。孩子可能在重复主人公的话时不知不觉说出真正想要表达的心情，妈妈只需在旁呼应即可。

孩子大声说完后，妈妈可以拥抱孩子说："原来在你心里累积了这么多东西啊，是妈妈不好，没能早知道这些。谢谢你痛快地说出来。妈妈爱你！"

## 第六周：读书治疗——痛快地表达

对孩子来说，用语言表达生气并不容易。《请听我说》这本书中，有一只小熊小心翼翼地开口说："我有一个问题，那就是……"但是发明家、裁缝、帽子店主人都在小熊要说话之前纷纷嚷着说知道它的心思了，各自随意为小熊做决定。

为什么谁都不倾听小熊的话呢？小熊已经筋疲力尽，当苍蝇问它为什么那样的时候它也只是说"啊，我不想再说那个话题了"。这样被大人的话折磨到筋疲力尽、不想再说话的孩子真是让人心痛。

孩子也会觉得小熊就是自己。这一点并不容易表达，所以孩子只能闭口不谈。那么，肯倾听小熊说话的人在哪儿呢？

不妨由妈妈扮演小熊的角色，让孩子扮演其他人物角色。由此，妈妈能够切身体会到自己曾经如何无视过孩子的话，孩子委屈的心灵也能得到一定弥补。虽然只是简单的角色互换，孩子的内心也能振奋起来。尝试一下真正给予倾听的苍蝇角色，或许，孩子会讲出真正想要表达的话。假如不太愿意亲自演出来，可以用画图画的形式，或者做手指玩偶表演出来。

## 第七周：读书治疗——领悟我内心究竟有多重要

无法表达内心的孩子对自己并不满意。他们也想像朋友那样堂堂正正地表达自己的内心，但实际却不容易做到。孩子们会察言观色，即使嘴上说没关系，实际却并不好。所以，首先要帮助孩子了解真实的自己，鼓起勇气客观面对不敢表达内心的自己是很必要的。

所谓"面对"，是指能用第三只眼睛看到与自身相似的样子。由此，我们如实看到自己不完美的那一面，并且明白那有多么愚蠢。尽管这项工作不容易，也令人不快，但如果想要明白痛快地表达自身真实想法的重要性，这是必须经过的关口。

《我长出条纹了》一书的主人公卡米拉绝不吃锦葵豆，因为她的朋友们不喜欢。卡米拉总为别人如何看待自己费心。上学第一天，为了给朋友们留下好印象，卡米拉足足换了 42 次衣服，最终得了全身出现条纹的病。即便这样，她担心的却不是生病的自己，而是朋友们会说什么。

第二天在学校里，卡米拉的病症更严重了，她的身体随着朋友们叫出的花样和颜色发生变化。卡米拉的病究竟能不能痊愈呢？她的病因在于朋友们说不喜欢，所以就不能做自己真正喜欢的事情。为了看别人的脸色而不能做自己希望的事情，自然是会生病的。假如我们的孩子不能表达疲惫不堪的自己，不敢说出想做的事情，卡米拉的故事会对我们提供一些参考。

读书活动结束后，妈妈可以与孩子聊天或进行角色扮演。另一方面，有的书更适合一个人安静地思考和沉淀。《我长出条纹了》这本书也许就是后者之一。希望孩子们可以慢慢地反复回味这本书，希望每当犹豫是否该说出内心渴望时会想起这本书。

## 第八周：写作治疗 1

《5 岁好烦》这本书单就题目来看就会让内心起波澜。它有一种力量，使读者迸发出一直压抑在内心的话语。孩子看到这个题目会说"真好笑"，然后开始讲述自己有多么烦。

5 岁很烦恼啊。刚才冲弟弟大喊了。

想让他表现得和善些，嘴里说出来的却是胡话。

孩子一读到这样的内容就会开始说自己有多么不容易。这时，妈妈要如实记下孩子的话。例：

### 10 岁好烦

作业太多了，好烦。总是没有时间。

必须要学习，好烦，好累。特别是握铅笔，手腕好疼。

要考试，好烦。答错的话就要挨妈妈的骂、要听她唠叨，不断问我这么简单的问题都要错。

总是要安安静静的，好烦。在学校做作业的时候如果不安静，就要被老师批评。

老师找我单独谈话了。批评我，声音也有点大。

我因为自己的名字好烦。大家都取笑我，说我和足球选手同名却连一个球也进不了。

和朋友打架了，好烦。我有 3 个朋友，和其中一个打架的。我生着气，和其他小朋友正玩着，他走过来，召唤正和我玩的朋友去和他玩；去洗手间也只和那个朋友一起。这种时候真的好烦，不知道该怎么做。

被老师批评了，好烦。很难过，想哭。

不听妈妈的话，被妈妈批评了，好烦。

我不主动做自己的事情，妈妈要求了才去做，所以总被骂，好烦。

（三年级，李周英）

## 10 岁好烦

幼儿园只是个预告啊。

不要笑，10 岁更烦。不能好好做自己喜欢的事情。

想要成天玩耍，却不得不学习。

伙伴们问老师为什么要学习，老师说我们要成为伟大的人，要我们学习。

和这些比起来，5 岁啥都不算，操心的太少了。

我在 5 岁的时候玩得特别痛快。

和那时候比起来，10 岁就像生活在监狱一样，不能做喜欢的事情。

什么都不能做，好想痛快地玩。什么都想玩着做。

最近我的视力降低了，不能常玩游戏了。

我想整天地玩。这是我希望的全部。

如果说幼儿园的痛苦有鲸鱼那么大，那么 10 岁的痛苦就有地球，不对，有宇宙那么大。我真的这么觉得。

（三年级，李恩才）

　　孩子一股脑写出的话都是心里真正的痛苦。把那些话记下来，或者让孩子自己写下来。妈妈和孩子展开"谁更辛苦"这种不是比赛的比赛，记下更多话语也会很有意思。其中有一点很重要：即便写下的内容并不都是快乐的，但这个过程不仅有趣而且令人心情舒畅。

## 第九周：写作治疗 2

以"我觉得自己很好"为题，写下自己的 10 个优点。大部分孩子听到"10个"会惊讶道："嗬！这么多？"这是因为他们没有思考过自己的优点，或是认为自己没有优点。孩子每写下一点，妈妈就应给予鼓励。孩子喜欢自己是非常重要的，只有喜欢自己、认为自己重要，自信和自尊才会随之增强。对自己的喜爱之处发现得越多，内心就会越坚强。清除内心脏东西以后的空缺必须尽快用"珍惜自己、喜爱自己"及"优点、引以为豪之处"填补进去。我们一旦开始发现自己的新奇之处，就会越来越容易找到，而且等待我们发掘的对象也会越来越多。假如今天发现了自己的 10 个优点，一个月、两个月后会找到更多的优点，一年后也许就会发现 100 个。例：

> 我觉得自己很好。
>
> 我觉得自己很好。不管怎样跌倒都会站起来的自己很好。
>
> 我觉得自己很好。因为有为我做好吃的妈妈和陪我玩耍的爸爸。
>
> 我觉得自己很好。能和朋友们一起玩耍。
>
> 我觉得自己很好。和贫穷的人们比起来，我生活得更幸福。
>
> 我觉得自己很好。从头到脚都很健康。
>
> 我觉得自己很好。我可以逗朋友们笑。
>
> 我觉得自己很好。因为我喜欢运动。
>
> （三年级，朴宰宇）

> 我觉得自己很好。受老师和妈妈表扬的自己很好。
>
> 我觉得自己很好。认真学习的自己很好。
>
> 我觉得自己很好。不偷懒、帮助妈妈的自己很好。

我觉得自己很好。一旦下定决心就可以全神贯注的自己很好。

我觉得自己很好。有很多朋友的自己很好。

我觉得自己很好。即使生病也努力做到最好的自己很好。

我觉得自己很好。和朋友们友好相处的自己很好。

我觉得自己很好。能够安慰朋友的自己很好。

我觉得自己很好。听老师话的自己很好。

我觉得自己很好。我就是很好啊。

（三年级，李周英）

## 第十周：照片治疗

把相机交给孩子，用手机的照相机也可以。接下来与孩子一起散步拍照吧。绕着小区行走，让孩子把映入眼帘的事物拍下，然后把照片冲印出来，让孩子表达照片里的故事——这就是照片治疗。摄影者往往是随心选取镜头的角度和被摄对象的范围。因此即使是同一朵花，往往也是根据摄影者看花的不同角度来拍摄的。按下快门的一瞬间，照片便成了摄影者那一刻情感的表达。

比如去动物园拍摄各种动物，不同孩子的拍摄对象往往也不同。比如有的孩子喜欢动物充满活力的样子，所以想要拍老虎或狮子咆哮的样子，并且会等待它们张开大口发出吼叫。有的孩子会拍摄长颈鹿伸长脖子吃树叶的样子，或者火烈鸟相继移动的场面。还有孩子愿意拍摄大象用长鼻子给小象喂食、大猴给小猴捋顺毛发的场景，或许还有黑猩猩怀抱幼崽的样子。而那些内心不被人了解的悲伤孩子会留意独自快快不乐，或是恍惚呆坐的动物，给它们拍照。

之后，收集孩子拍摄的照片集结成册。这很简单：在每张 A4 纸上粘贴一张照片，然后用订书机装订起来，做上封面，然后在每张照片上记下一句孩子想表达的话。照片与文字的结合会产生各自单独出现无法获得的综合效应。

如此，记录孩子心灵世界的相册就做好了。孩子们都喜欢含有自己心思的成果，同时对成果的高完成度感到满意，也萌发出成就感。

相册的治愈过程是让孩子们建构自己的故事，表达自己的内心世界，由此实现治愈的原理。要尽可能鼓励孩子向他人自豪地介绍自己的相册。表达得越多，孩子的内心就会越轻松，也越能摆脱伤痛、发现自己。孩子的内心变轻松后，明亮的眼神和嘴角的微笑能够证明这一点。此外，相册的故事可以随意更换或是重新创造结局。在清除内心脏东西这项工作的末尾，要用能够促使孩子成长的新能量填补脏东西清除后的空位。孩子的心灵相册就是这个开始。

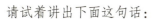 给妈妈的小贴士

## 对话内容取决于开头那句话

请试着讲出下面这句话：

"我的孩子今天又吵闹大哭了。"

接下来的话会是什么呢？大概是这样的内容吧。

"到底是为什么呢？到底要我怎么做才好？他要的我都给了，为什么一个劲哭呢？好像真就是来折磨我的。"

还有下面这句。

"我的孩子经常吵闹大哭的原因是什么呢？"

接下来的话会是什么呢？大概是这样的内容吧。

"应该是我不懂正确的方法吧。怎样做才能让孩子不哭呢？一定会有好办法的。"

"我究竟为什么要这样？"这样想的话，人会变得沉闷而不愿寻找解决办法。"我为什么要妄自菲薄？"这样的想法最初会让自己觉得别扭，但逐渐熟悉这种思维方式后会向着尊重自己的方向去思考。

由此，对话或者想法会随着初始的语句产生完全不同的结果。因此，为了修正、照料孩子的心灵，扣好对话的第一个纽扣非常重要。

- "我想和你聊一聊。"
- "我有件纳闷的事儿。"
- "这会儿心情怎么样？"
- "你好像有话要说？"
- "你看起来不太舒服？"

这样开始对话时，孩子会探查自己的内心，会觉察自己的情绪，会易于用语言表达出来。

# 吵闹、倔强、生气、反抗的孩子

**妈妈的苦恼：7 岁的孩子什么都怪妈妈。**

在幼儿园也好、游乐场也罢，只要不如意就要吵闹，只要不答应自己就决不罢休。也批评过他、哄过他，却只是变本加厉。每句话都要以大喊"都是因为妈妈"结尾，真不知道该怎么做了。我好像并没有对孩子做过什么不对的事情，孩子为什么这样呢？幼儿园老师说这种情况越来越严重甚至偏激了，以这种状态去学校是要出大事的。怎样做才能让孩子好起来呢？

## 孩子为什么无礼地对待妈妈？

每个孩子都曾对妈妈表现出生气和反抗的行为。这种时候要尽快了解孩子并给予安慰，或是进行轻微批评教育，这种行为会较容易消失。但也有程度严重的情形。不如意便大肆吵闹，不如愿便公然指责是妈妈的错乃至推搡、打妈妈，不尊重妈妈，常有失礼行为的话，这都意味着孩子存在问题。

对妈妈无礼的行为会逐渐演变到喊叫哭泣着扔东西，或是大吵大闹，或是更夸张地用头撞墙或者桌子。被孩子的举动吓到的妈妈首先要做的并不是指出孩子不对的地方，也不是试图纠正，而是要试着去理解孩子只能这样做的心理。

孩子为什么要这样呢？

　　孩子之所以产生问题行为，是因为他们不知何时学会了"只有通过这种方式才能得到自己想要的"。妈妈说"不能买玩具"，孩子往往会缠着不放，如果吵闹或者打妈妈的话，被旁人看到会很丢脸，于是妈妈只好满足孩子的要求。这时孩子会坚定不移地认为：下回想要得到某样东西时必须要这么做。但是孩子深信的那一方法并不值得提倡，因此，妈妈要给孩子提供学习其他表达方式的机会。

　　不让孩子做出问题行为并不是最重要的，要从转变孩子所拥有能量的方向、使他们健康成长的观点出发。因此，重要的是找到孩子愿意集中精力的积极性活动。通过有助于孩子成长的活动，坚持到底的成就体验会帮助孩子成熟起来。

## 孩子期望的是？

　　孩子期望的东西很简单：妈妈很爱我，我是好人、重要的人，父母会把我培养成出色的人，还有快乐与满足感。假使妈妈没能准确了解原因也没关系，还有可以施行的方法。这就是依次给予孩子爱和关心，表达孩子是多么优秀和出色。

　　在孩子的问题行为面前，"你为什么要这么发火？""你对妈妈这是什么坏毛病？"这样的话语是没有用的，这与告知孩子"我没法理解你，绝对不理解"毫无区别。因此，孩子是不是只能动用全身来表达"我现在像是要死掉了"这种情绪呢？根据孩子天生的脾性，行为会有不同。既有必须成为最好的才高兴的孩子，也有要爸爸妈妈和朋友喜欢自己、必须在一起的孩子，还有什么都要亲自选择才会幸福的孩子，还有无论是什么新事物都要体验和学习才高兴的孩子。也就是说，由于孩子天生的欲求强度不同，孩子所期望的也会不同。

我的孩子哪种欲求强烈呢？这时你或许会想到做心理测试。妈妈不能很好地掌握孩子特点的话，可以去做心理测试。但只要稍加注意和观察的话，很容易掌握孩子想要得到什么、期望的是什么。

下面是某位妈妈和 5 岁孩子之间的对话。

妈妈：快吃饭吧。

孩子：我不想吃。

妈妈：你说想吃炒饭，妈妈就做了，快吃吧。

孩子：那是昨天说的，今天现在不想吃了。

妈妈：那也吃一点啊。

孩子：我不想啊，这让我怎么吃？给我炸猪排吧。

妈妈：没有炸猪排。

孩子：冰箱里不是有吗，我都知道。

妈妈：你就吃一点吧。炒饭已经做好了，还怎么做炸猪排啊。你为什么要让妈妈这么累啊？

孩子：我不想吃。行了行了，我不吃。我什么都不吃。

妈妈：你还不快吃！

孩子：不愿意！妈妈你吃吧。

这样的交谈对孩子来说渐渐转移重心了。妈妈在埋怨孩子，而孩子的语调也变得不礼貌。孩子是在期望什么才会如此伤妈妈的心吗？试着问过孩子，他是这样回答的。

"妈妈只做自己想做的，即使我说出自己喜欢的东西她也都无视，一点也不让我做想做的。她能听听我想说的话就好了。"

从个人心理学的角度来看，孩子在与妈妈的关系中有追求力量和优势的目标。孩子期望的是妈妈能够尊重自己的选择，希望自己能够成为主人公，能做好所有事情、能尽情做想做的。这些并没有顺利实现，因此不知不觉间会渐渐产生对妈妈不礼貌的态度。

我们回忆下与孩子的对话。如果想不起来，可以将平日的某一场景下与孩子对话的录音内容一字不落地写下来。大声朗读写下的内容就会很容易发现孩子期望的了，能够估计出孩子认为重要的是什么，他们的问题行为背后隐藏着什么样的期望。

对妈妈发火或是反抗的孩子并不是因为他们是坏孩子，只要帮助他们朝着正确的方向去实现期望就可以了。因此，需要妈妈的心理治疗。

如果妈妈能够了解孩子的内心世界，努力用更好的办法帮助他们实现愿望的话，孩子会很好地成长。能够一直看着这一过程的不是这世界上最幸福的妈妈吗？

## 妈妈的期望是？

现在有必要整理一下妈妈的期望。妈妈希望孩子做出什么样的行为呢？如果真要让认为孩子问题很多的妈妈写下孩子的问题行为，妈妈们会不知道写些什么，很难让妈妈们具体地用话语表达自己的期望。因此，这项工作非常必要。

首先要整理身为父母的自己的内心，清楚不安的本质是什么、自己期望的是什么。只有先明确幸福是什么，才能在幸福真的到来时愉快地迎接它。

妈妈要逐条写下对孩子的期望，但是，要对想法设定界限。首先要写孩子的问题行为，然后在对应内容的右侧写下希望该行为如何改变。如果要改变对妈妈发火和反抗的行为，那就写下自己希望如何改变。当孩子期望的事情和妈妈期望的事情变清晰时，就可以开始妈妈的心理治疗了。

## 针对吵闹、固执孩子的心灵成长 10 周计划

| 周　别 | 活　　动 |
|--------|----------|
| 第一周 | 游戏治疗——真人紫菜包饭卷 |
| 第二周 | 游戏治疗——触摸皮肤，涂抹乳液 |
| 第三周 | 游戏治疗——被子（毯子）游戏 |
| 第四周 | 我是这样的人 |
| 第五周 | 通过照片寻找回忆 |
| 第六周 | 给孩子感动——隐藏特别的小礼物 |
| 第七周 | 读书治疗——有趣新颖的想象小故事 |
| 第八周 | 读书治疗——觉察自己的情绪 |
| 第九周 | 读书治疗——为了隐藏感情的孩子 |
| 第十周 | 写作治疗——模仿作文 |

### 第一周：游戏治疗——真人紫菜包饭卷

对游戏来说，情感交流非常重要。简单说来，听到孩子甜甜笑声的就是成功的游戏治疗了。大家请在网上搜索"尹厚紫菜包饭"，会出现 MBC 电视台制作的《爸爸，我们去哪儿？》综艺节目里，爸爸尹民秀对儿子尹厚说"爸爸给你做紫菜包饭"，然后用身体做成紫菜包饭的样子。游戏方法也很简单。

爸爸：过来一下，爸爸给你做紫菜包饭。

儿子：什么紫菜包饭？

爸爸：不会让你后悔的。（把儿子抱起来平放在被子上。）

爸爸：躺好了吧？你现在是米饭和蔬菜。（把垫子放到孩子的背上。）来，这是芝士，现在把芝士放好啦。现在要卷起来，这样子。（滚动被子，像做紫菜包饭那样卷起来。）

儿子：嘻嘻，啊！哈哈哈哈，啊！哇！（露出世间最有趣、最幸福的表情。）

爸爸：应该很好吃呢。紫菜包饭做好啦，我们应该带给谁呢？（爸爸把紫菜包饭整个举起来，走出门外，放到地板上。）这是世界上最大的紫菜包饭。出不来吧？

儿子：能出得来。

爸爸：试试看啊。

儿子：嘻嘻，爸爸把手松开啊。

爸爸：那可不行。紫菜包饭会松开的。不可以，爸爸要抓住。

儿子：（扭动身体想要出来，胳膊一下子出来。）

爸爸：噢！萝卜咸菜条出来了！

共同：哈哈！

爸爸：重新放回去吧。卖紫菜包饭喽！卖紫菜包饭喽！

儿子：××！（同时伸出另一条胳膊。）

爸爸：啊，菠菜掉出来了。

儿子：嘻嘻。


这个游戏是每一个与孩子做游戏的父母都能轻松做好的。如果感觉与孩子做游戏有困难，可以参照上文一步一步进行。治疗技巧虽然有很多，但游戏治疗尤其好的原因除了孩子喜欢之外，还因为它不会引发孩子的防御心理。最开始会觉得有些奇怪，但因为是孩子们一定会喜欢的游戏，所以他们会很快敞开心扉迎接父母的。

游戏治疗对越年幼的孩子越有效。我们给这个游戏冠以治疗名字的原因也很简单：它的治疗力量非常强大。

☆ **妈妈的治愈对话**

在游戏治疗中，治疗性的对话并不难。不要总想着修正什么，最好沉浸在游戏中，边玩边进行游戏对话。紫菜包饭游戏里，爸爸的话就是实际生活里做紫菜包饭的用语，因此游戏变得更加有趣了。

某位带着孩子参加心理治疗的妈妈是把这个游戏作为"作业"进行的。这位内心极度疲劳的妈妈确实不想做这个游戏，是"没有灵魂"地来做的。但看孩子非常喜欢，她一下子就打起了精神。自己原本只是胡乱带孩子做游戏，但孩子这样喜欢，瞬间"觉得抱歉，也很心痛"。

☆ **扩展活动**

如果妈妈确实很疲劳，可以把角色反过来，让孩子来做紫菜包饭，孩子会出乎意料地充满兴致。饭团游戏、饺子游戏……这么反过来做也都很有意思。

## 第二周：游戏治疗——触摸皮肤，涂抹乳液

肢体接触是孩子确认妈妈的爱的最强有力手段，因此也成为最具代表性的游戏治疗方法。就从洗净后涂抹乳液开始，这可不是为了保护皮肤。要握住孩子的手，像是要把妈妈的心意传达到每一个细胞那样涂抹乳液。柔和光滑的乳液在妈妈和孩子的手间摩擦涂抹，感情也会在手与手之间得到交流。

从手开始，延续涂抹到胳膊、脸、脖子、后背，有些痒痒的感觉更好。画圆圈并持续一分钟的话，孩子会慢慢感到心理上的安全感。

然后对孩子说妈妈也需要涂抹乳液。随着妈妈与孩子互相触碰皮肤，彼此的内心会逐渐安定、快乐起来，也会听到孩子久违的开朗笑声。

还有一个方法，那就是用乳液点点儿。从孩子的脚腕开始到膝盖，或者手腕到胳膊肘，一边数数一边用乳液点点儿，同时和孩子进行对话。

"1，2，3，4……18，19，20，呀！我们点了 20 个点儿，现在都能点 20 个了呢！我的 ×× 真的长大了。妈妈要谢谢你这么可爱地成长。"

☆扩展活动

如果家里有两到三个孩子，可以采取接龙的方式：由妈妈给最大的孩子做，最大的孩子给弟弟妹妹做，顺序换过来也可以。或者孩子们要求给妈妈做，就可以分开给妈妈的胳膊、腿、脸等涂抹。

可以让孩子们用石头剪子布的方法来决定各自要涂抹乳液的身体部分；也可以单纯营造氛围，让他们自己决定。假设孩子因为没能分到自己希望的手、脸这些部位而产生矛盾，比如要给妈妈的腿抹乳液的孩子表现出不满的话，可以告诉他腿的表面积最大这一事实，或是告诉他腿的重要性，妈妈的腿一天下来有多么辛苦，有多么期待孩子的援手，可以用这种方式活跃气氛。

孩子一旦清楚自己正在做的事对妈妈来说非常重要，就会希望尽可能地为妈妈多做一些。在这个气氛融洽的游戏中，孩子的内心里会感觉自己得到了全世界，这是因为孩子确认了妈妈的爱，并且用妈妈的爱填满了内心世界。同时也会懂得妈妈的重要性以及对妈妈的感激，也会对自己的错误行为感到抱歉。

## 第三周：游戏治疗——被子（毯子）游戏

这是孩子躲在被子里，妈妈寻找孩子的游戏。相较迅速找到孩子，更提倡妈妈在被子外面摸找孩子，口中说："这是什么呀？咦，西瓜怎么跑到这里了？我的 ×× 去哪儿了？被魔鬼抓走了吗？咦，这又是什么？魔鬼的棒子怎么跑到这里面了？得用魔鬼的棒子来找 ××。"

用这种方式一边编故事一边做游戏会更有趣。如果难以编出故事，不妨只讲"去哪儿了呢？出大事了呀，×× 不见了的话妈妈会很伤心的"，这也足以使孩子快乐幸福到极点。

## ☆扩展活动

堆起枕头和坐垫，把孩子围起来。虽然只是象征性的，但孩子还是会像堆起了小城堡那样快乐。

## 第四周：我是这样的人

帮助孩子一一确立"我是这样的人"的自我概念。令人出乎意料的是，对妈妈发火、反抗的孩子的内心处在非常不安的状态。这时，确认家庭是牢不可破的一体也会镇静孩子的内心。精神分析研究指出，幼儿画出自己的身体是人格形成的重要阶段之一。用图画表现自身形象时，要帮助孩子画出世间最棒的形象，而不是发火、反抗的形象。

让孩子在画纸上画出自己。可以找一张孩子的全照，剪下来摆在画纸上。接下来，在手、脚、头、眼睛、嘴、耳朵等地方画出大大的文字框。

我想用眼睛看到什么，用耳朵听到什么，用手去做什么，用脚去做什么、去哪里，脑袋想什么，用嘴巴吃到什么、说些什么……把这些内容写在文字框里。

了解自己想要做什么有助于自我意识的形成。每个孩子都想茁壮成长，所以只要清楚了自己想要的是什么，就会对行为调节起到帮助作用。

## ☆扩展活动

用全开的巨大画纸进行更大的事业吧。让孩子躺在画纸上，妈妈给他画出身体轮廓，把完成的图画像壁画一样在墙面展示出来更好。画出全家人的图画贴在墙上的话，这就成了家庭图画展览。

## 第五周：通过照片寻找回忆

如果难以进行身体游戏或是讲不出有趣的话，那就试一试相册吧。打开孩子幼年时期的相册，那里面有欢笑的孩子。看着相册，一张照片一张照片地讲述孩子的故事，但不要讲孩子不喜欢的事情。因为从父母的角度来看，照片里的回忆都是可爱的，但在孩子看来却可能有很多不想记起的东西。所以要就孩子表现出兴趣的照片讲故事，告诉孩子他当时有多么可爱。

接下来假设在面前的是当时年纪的孩子。如果孩子对 3 岁时的照片产生兴趣，就把他当作 3 岁的孩子来看待。实际看见孩子的照片，妈妈的心也会随着回到那个时期。虽然孩子现在已经 10 岁了，也总是调皮，可一旦回忆起幼年的他有多么可爱，妈妈就会用更多的爱心去看待现在的孩子了。

也可以用"在我几岁的时候，我……"这个题目回到过去，逐条讲故事。

也可以讲自己对当时没能做的事情感到抱歉，需要道歉的就道歉。如果这也难以做到，那就尝试讲述爸爸妈妈为了孩子付出了多少心血。

### ☆扩展活动

制造新的回忆，制作孩子专属的相册。

孩子画的画、哪天说的话都好，这些在今天看来并不算什么，但一个月、一年后就会是世界上独一无二的宝贵记录了。这样的回忆累积起来会成为孩子的心灵财富。大笑也好，如果想看到孩子发自内心深处的明媚微笑的话，现在就开始行动吧。

## 第六周：给孩子以感动——隐藏特别的小礼物

可以选择孩子喜爱的玩偶、糖果、贴纸、橡皮、特殊的卡片，或是爸爸妈妈亲手制作的礼物。在意外的日子、意想不到的地方发现小礼物是极其令人感动的。如果孩子没有带小礼物，不要对孩子说"下次要准备好"，而是可以在小礼物里粘贴上几块小糖果给孩子。孩子会更加感受到对妈妈的歉意和感谢，也没有孩子会因为想再次得到糖果而故意不准备礼物的。

反过来，也把自己收到的小东西给妈妈。这使孩子强烈感受到"啊，原来我的爸爸妈妈一直想着我"。例：

\* 在孩子的衣服内侧绣上孩子的名字。

\* 在孩子醒来时放好听的音乐，或是在枕头旁边放小礼物。怀着愉悦的心情醒来的话，一天都是愉悦的。

\* 把以前反对购买的物品当作特别礼物送给孩子。

\* 在通知栏先写下妈妈的话："×× 今天过得好吗？妈妈在等你，很想快点见到你。妈妈爱你！"

孩子的一天里可能有不开心的事情，也可能很快乐。但不论是何情形，只要通过这样一行字想到"妈妈在守护我"，孩子的内心就会安稳而充实了。感动往往伴随感恩。孩子一旦对父母产生感激，自然而然会表现出安定、有礼貌、尊重父母的态度。

## 第七周：读书治疗——有趣新颖的想象小故事

妙趣横生的想象故事可以为易怒的孩子展示另一个新的世界，帮助他们调节情绪。同书本这样的感觉相比，发现能够激发自己兴趣的事物本身更能镇定内心，从而体验到认知性的愉悦。

与标题一样，《哪个浴池更好？》是一本询问孩子哪一个浴池更好的图画书。先让孩子想象出一个非常独特的浴池，然后以"来找一找书里有没有你想象的那个浴池"开始游戏，会让孩子全神贯注。书里有各种各样的浴池，比如为了实现世界和平的圆桌浴池、巨大的迷宫浴池等。总有超出想象的浴池出现，带给我们思考的快乐感觉。即便是非常讨厌书本的孩子、容易发脾气的孩子，也无法使眼睛离开这本书。此外，寻找偷走浴池塞子的卷头发大叔也很有意思。如果孩子问"再没有这样的书了吗？"可以给他看《哪个卫生间更好？》吧。

不知不觉间，发脾气的、反抗的孩子消失不见了。这不仅仅是有趣的图画书，而且可以看着从未想象过的奇妙浴池得到新的领悟。"什么事都可能不一样啊，我知道的并不是全部呢。"这种认识会给孩子以思考的勇气，努力寻找突破现在不满足的状态的新办法。

## 第八周：读书治疗——觉察自己的情绪

情绪也是一种语言，也要像学习掌握一门新语言那样学习、熟练。首先从了解都有哪些情绪开始吧。清楚了情绪的种类，也就清楚了自己的情绪。然后才可以正确探察内心，找到处理的方法。

《情绪永远和你在一起》的作者指出："小时候隐藏、压制自己的情绪会在日后演变成暴力倾向。"确实，正确表露自身情绪非常重要。胡乱发脾气并不是正确掌握情绪的表现。

来看一下本书的衬纸。这里印着各种各样的表情，我们可以将它作为表情教科书，和孩子一起指出代表对方此刻心情的表情。如果不清楚孩子的心情，可以试着做出同样的表情。神奇的是，跟着孩子做表情的同时，自己仿佛也如实体会到了对应的心情。

有孩子在读完这本书后找出了所有表达心情的句子。

- 听了朋友的话，我的心像是被刺痛了一样。
- 加油，你可以做到的。听到喜欢的人的话，瞬间充满了自信。
- 家人怎么办？学校怎么办？我以后又该怎么办？
- 但是……我并不想添麻烦。
- 我把不安搁在门外的角落里了。咣地关上了门。

看着痛快地代为表达心情的句子，孩子的内心会变得畅快，感到轻松起来。

"我也是这样。我喜欢这句话。这也和我很像。"

### ☆ 妈妈的治愈对话

- "据说直率地表达情绪是很重要的呢。"
- "如果妈妈不体谅你的心情，你会有什么感觉呢？可不可以从中间挑一个出来？"
- "原来是这样啊，还有什么样的情绪？都找出来吧。"
- "因为你说得很详细，所以妈妈很好地理解了你的心情，真好。"
- "这本书里你喜欢哪一句话？是这个啊，妈妈也会好好记住的。"

### ☆ 扩展活动

\* 画情绪图画

既可以边对话边画画，也可以先画好图画再由妈妈来猜。

\* 剪下情绪目录表里的情绪单词做卡片游戏

把卡片全部反过来，一次掀开一张，根据出现的情绪单词描述什么时候感受到过这种情绪。围绕情绪讨论越多越有益处。

\* 情绪面具游戏

首先选定自己最近常有的情绪，把它画成面具戴在脸上表演情景剧。如果戴着羞涩的面具，那就演羞涩的角色；如果是生气的面具，就做出生气的样子。先前不断发火的孩子会在此时觉得一直生气很辛苦，于是制作其他情绪的面具。这次是微笑的面具。因为要随着情绪表现，所以开始温和而亲切的活动。事先制作多个情绪面具供不同时间选择，表达会变得更容易。通过这一游戏，孩子会理解感情和行为产生的影响，学会如何使它们和谐地相互作用。全家一起做这个游戏会更好。

## 第九周：读书治疗——为了隐藏感情的孩子

《隐藏情绪的小灿》中的主人公小灿在面包房里即使被朋友在头发上涂了草莓果酱也说没关系。朋友们拿走自己的水枪，他照旧忍耐着；好不容易去一次动物园却没开门，他也说没关系。每每辛苦而难过却不会说生气的小灿终于大喊道："我并不好！"呼喊说自己有太多没有流下的眼泪。最后向欺负自己的朋友们坚决地说"不行！算了！"小灿终于寻回了原本帅气的自己。

这本书将隐藏情绪时浑身颤抖的小灿绘声绘色地表现出来，孩子们可以很好地理解隐藏感情的含义，也能得知心灵的面貌竟可以那么扭曲。透过故事，孩子们会明白正确表达自己情绪的重要性。

### ☆妈妈的治愈对话

- "小灿的心情得不到表达时全身都颤抖了，他的内心也会是这个样子吧？"
- "对小灿说点什么好呢？"
- "什么样的话会安慰他？"
- "对小灿说什么会让他鼓起勇气？"
- "妈妈也有像小灿这样的时候。"

### ☆扩展活动

*用气球表达情绪

各自思考隐藏了几种情绪，把对应个数的气球揣在怀里。互相推挤身体把气球一个一个挤爆，同时说出这气球代表什么情绪；也可以一个一个取出气球再弄破。在体验了发泄情绪的痛快感后，孩子能够明白表达情绪的重要性。

*画出我的心情

把心情比喻成自己喜欢的事物，用图画表现出来。如果喜欢苹果，就画一个像自己心情的苹果；如果喜欢树，就画一棵像自己心情的树。"像心情的画"会帮助孩子画出确实和心情一样的树。

\* 用黏土捏出我的心情

用黏土捏出自己喜欢的事物，表达心情。

## 第十周：写作治疗——模仿作文

读《妈妈的心思虽是那样，可我喜欢这些》，写一写。

我说啊，

我喜欢的是，举个例子，这样吃东西。

我喜欢的是这样画画。

我喜欢的是这样奏出来的音乐。

说着自己喜欢的东西的孩子身边总有一脸不以为然的妈妈。孩子是鼓起勇气试着说出自己心声的，给他们一个自由表达内心"妈妈的心思虽是那样，可我喜欢这些"想法的机会吧。可以用文字记录下来，孩子下次读到还可以继续补充内容。（注意：拼写和书写在语文学习时指导即可！）

在强势的妈妈面前，孩子不敢表达真正的想法，因此要借用书的力量痛快表达愿望。

☆扩展活动

\* 假如孩子喜欢这个游戏，可以尝试"爸爸的心思虽是那样，可我喜欢这些"。也许随着游戏的不断进行，可以看到兴致高昂的孩子。

\* 孩子的心情稍微舒畅后，妈妈可以照着《你的心思虽是那样，可妈妈喜欢这些》一书来做。当然，这得在调皮和轻松的氛围里进行。

\* "我喜欢这样的"语言游戏：由石头剪子布获胜的人开始，轮流说出一点，大声说出"我喜欢这样的"。妈妈活跃气氛迎合着问"什么？"的话，赢的人就讲内容，不能快速回答就是输了。

　　即使同样一句话，如果传达的氛围不同，孩子接受的程度也会不同。游戏般顽皮有趣的表达很重要，情绪最重要的是表达。要通晓彼此内心，一点一滴交流彼此的想法。有时会发现孩子坚持某事的理由很得当、思考得很深入，孩子也会明白爸爸妈妈的真实内心。总之，重要的是彼此了解内心的真实想法，做到互相尊重和包容。

# 攻击性的孩子转换为生产性能量的孩子

**妈妈的苦恼：四年级的孩子攻击性太强。**

一生气就会殴打朋友。不能忍耐愤怒情绪，一定要打坏某物或者殴打某人。孩子有这种攻击性行为已经很多年了。此前进行过心理检查和咨询，但都没有什么起色，每天都在和朋友起冲突。最近更是经常说不要去学校，让妈妈很是痛苦。孩子的内心怎么会有这么多愤怒呢？妈妈好像并没有做错那么多，只是和别的妈妈一样啰唆一些、督促学习一些罢了，可孩子为什么这样呢？如果一直要这么抚养孩子的话，都想要逃跑了。

## 孩子为何产生攻击性的行为？

首先一定要记住的是，表现出如此过激行为的孩子都是能量十分旺盛的。这样的孩子往往希望成为关注的中心，所有活动都想获胜。我们再回忆一遍孩子产生行为的4个目标：想要获得关心和爱，追求力量与优越性，想要报仇或者报复，假装不完美或能力不足。我的孩子希望的是哪一个目的？

再来了解一下攻击性。攻击性指故意伤害别人的不值得提倡的行为。攻击性有许多形式，比如语言攻击性和间接攻击性，容易兴奋、经常拒绝与朋友合作也属于攻击性的范畴。如果保持这种状态成长下去，孩子有演变为身体攻击性的可能。我们要在正确认识攻击性的基础上帮助纠正孩子的攻击性。

| 领　域 | 内　容 |
|---|---|
| 身体攻击性 | 有意施以身体上的创伤或痛苦，有破坏物品的倾向 |
| 语言攻击性 | 以语言为媒介威胁、诅咒，<br>产生心理、社会性伤害的语言反应 |
| 间接攻击性 | 间接表现出攻击欲，刁难、恶意诽谤或者捉弄 |
| 否定性 | 拒绝或抗拒合作，<br>做出不合指示或提议的行为 |
| 兴奋性 | 容易生气或侮辱他人 |

在减少孩子的攻击性以及培养他们的亲近社会行为之前，要先观察孩子是"工具性攻击"还是"敌意性攻击"。"工具性攻击"是为了得到成为自身利益的某物而对他人产生危害的行为，"敌意性攻击"则直接以使他人痛苦或者受伤为目的。大部分孩子会因为得不到想要的而产生攻击性，但是对父母、老师和朋友带有怨恨、挫败感、不安、愤怒等情绪的孩子随着时间流逝有较高危险变成敌意性攻击。

在幼年时期表现出攻击性的孩子逐渐产生更严重的攻击行为，其原因在于攻击性行为最终给自己带来了补偿。持续这种行为的孩子并不是对攻击性行为有否定的看法，反而觉得那是自己能够做出的最好选择，是最好的办法。他们不仅对攻击性行为的结果持有积极的期待，还会对其赋予很高的价值，因为有攻击性行为的孩子重视支配、控制他人的能力。

##  应对攻击性行为的方法

从"波波玩偶实验"开始思考吧。

心理学家阿尔伯特·班杜拉曾给一群 5 岁的孩子各自单独放映一个成年男子模特攻击行为的影片。模特推倒玩偶，一边坐在上面大喊"鼻子吃我一拳，啪！""躺下！"等话语，一边施以拳脚。孩子们虽然看到的都是同一场景，但因为影片结果不同分为了 3 个组。

1. 第一组：攻击性补偿条件——影片结尾，出现其他成年人，称赞模特为"强大的冠军"，给予巧克力、饮料等礼物。

2. 第二组：攻击性处罚条件——骂模特为"坏蛋"，殴打模特致其丧胆。

3. 第三组：无任何结果条件——关于模特的攻击性行为不给予任何奖励或处罚。

影片结束后，孩子立即被带进有波波玩偶和其他玩具的房间里。实验者观察孩子模仿模特攻击性行为的程度。结果如下：

1. 看了攻击性得到强化影片的儿童最有攻击性。

2. 看了攻击性行为受到处罚影片的儿童表现出最少的攻击性。

3. 看到中立模特表现的儿童的攻击性也处于中间水平。

从上述结果来看，孩子们的行为也会受到间接，或者代理经验的影响。观察他人的经验会影响儿童的自身行为。孩子们虽说都学习了模特的攻击性反应，但却会根据模特被强化了、受到处罚了还是表现出中立的结果而产生不同的行为。

没有人教过孩子攻击性，但孩子却在某处看到并学会。现在要学习运用新的经验，通过温和而和平的行为实现愿望。观察他人的正确行为并加以仿效，由此可以学到新的行为。

## 灵活运用学习共情的教育性电视节目

有研究表明，给入学前的儿童经常播放具有教育性的电视节目比播放描写暴力行为的节目能减少孩子的攻击性。《纽约时报》于 2013 年 7 月报道，西雅图儿童研究所与华盛顿大学的学者面向 565 对父母展开研究，这些父母正在抚养 3 ~ 5 岁的孩子。他们被分为两组进行试验，最终结果与上文的结论类似。实验组的父母让孩子观看内容是乐于助人、无暴力地解决矛盾并表现出共情的电视节目。此外，还被要求与孩子一起看电视，同时要询问孩子解决矛盾的好办法。

6 个月后，实验组的父母认为较之于对照组，自己的孩子减少了对他人的攻击性，子女的社会能力也进一步提高。最终说来，我们强调父母要记住的是"只关掉电视并不是本事，换台才是重要的"。

## 调整攻击性节目之前

在开始妈妈的心理治疗之前，先来谈一谈我们的孩子在以下情境中的感受和想法。无论孩子做何反应，我们希望父母都不要失望或者发火。假设孩子出现攻击性反应，就当作孩子有了不得不那样思考和感受的经历，那绝不是孩子自己的错。为了更好地帮助孩子，希望能将其视为理解孩子的过程。

### ☆ 情境 1

我在教室里丢失了心爱的铅笔。不管在课桌周围怎样寻找，还是没发现。

但是坐在我后面的朋友正拿着铅笔和其他朋友说话。为什么我的铅笔在朋友手里拿着？这种情况下我该对朋友怎样做？

◎ 我的感受：

◎ 产生的想法：

◎ 我要说的话：

◎ 我选择的行为：

## ☆ 情境 2

朋友们在踢足球。我从旁边走过，一个朋友踢的球打到了我的后背。球的力量太大了，疼得不得了。我该对朋友怎样做？

◎ 我的感受：

◎ 产生的想法：

◎ 我要说的话：

◎ 我选择的行为：

## ☆ 情境 3

朋友在骑自行车。那是辆新自行车，所以我也想骑一下，但是朋友装作没听见我的话。没过多久，别的朋友正在骑那辆自行车。那个朋友为什么不借给我？我该对朋友怎样做？

◎ 我的感受：

◎ 产生的想法：

◎ 我要说的话：

◎ 我选择的行为：

##  针对攻击性孩子的心灵成长 10 周计划

| 周　别 | 活　动 |
|---|---|
| 第一周 | 孩子出生时的故事 |
| 第二周 | 孩子出生当天，妈妈的心情故事 |
| 第三周 | 处理折磨心灵的情绪——黏土游戏 |
| 第四周 | 我是什么样的人？ |
| 第五周 | 我的擅长之处、自我满意之处、引以为豪之处 |
| 第六周 | 认识情绪 |
| 第七周 | 培养不同情形下的理解能力 |
| 第八周 | 无论何时总会有双赢的办法 |
| 第九周 | 通过头脑风暴培养问题解决能力 |
| 第十周 | 10 年、20 年后的我 |

### 第一周：孩子出生时的故事

幼年时期的故事总是可以连接我们与孩子的内心世界，借用书里的故事给孩子讲述小时候的故事吧。不仅得益于视觉表现，神秘感得到增强，而且可以很好地抚慰攻击性孩子的心灵。

在你出生的前夜

你就要出生的喜讯

由这个动物传到了那个动物

驯鹿告诉了北极白燕鸥

白燕鸥耳语给了鲸鱼

鲸鱼把消息传递给了太平洋鲑鱼。

（节选自《你出生的那天》）

直接仿照书中的故事给孩子讲述出生时的故事吧。如果可以，尽可能把故事包装得精美，有趣地讲述出来。孩子的微笑和撒娇证明你成功了。

　　××啊，××××年×月×日，太阳光芒四射的时候，你降生了。

　　那天的风很凉爽，小鸟们也飞来，用美妙的声音为你唱歌呢。

### ☆妈妈的治愈对话

- 在温暖的氛围里为孩子讲述出生那天的故事。
- 可能的话，多使用视觉表现或者鲜艳的词汇。
- 把胎梦包装得更加有趣，讲述给孩子听。
- 假如没有胎梦，也可以编故事讲给孩子。

## 第二周：孩子出生当天，妈妈的心情故事

孩子约定出生的日期已经过去几天，
却迟迟不出现，于是妈妈住进了医院。
没关系的。孩子健康。不要担心，适当做些运动。
医生给妈妈听了你健康跳动着的心跳声。

节选自《妈妈成为妈妈的日子》

本书以妈妈在孩子出生那天的故事开始。孩子出生的情形并不完全同于图画书的故事，在读书时讲出孩子出生那天的情形即可。哪怕不做任何修饰地，单单温暖转述就能平息孩子生气的情绪。假如孩子注意力无法集中于书本，那么不要勉强。我们的目的并不是让孩子记住书的内容，而是要通过书来分享自

己的故事。

"我亲爱的孩子，你不知道我们等了你多久。你出生的那天，妈妈才成为妈妈，爸爸才成为爸爸。"

读完书中的内容，再来讲我们孩子的故事。

"那天，爸爸因你的出生莫名慌张。你的样子那样可爱，实在是太期待了，好像不知该怎么做了……"

就像这样讲述爸爸妈妈是多么的期待，多么的激动。经常生气的孩子往往也会对自己发火。"自己原先是不同的，自己是非常重要而且可爱的孩子"，这样的事实会成为孩子新的希望，带给他们力量。孩子会一遍又一遍地确认，妈妈可以无数次重复充满信心的回答。孩子会因为想听妈妈这样的回答而反复地询问。

## 第三周：处理折磨心灵的情绪——黏土游戏

孩子生气的时候，即使看透其内心也无法平静下来的话，不妨试一试黏土游戏。通过黏土游戏可以知道有时虽可能经历挫折，但最终还是能体验到成功的喜悦。可以体会到我在控制万物，对事物有征服感、满足感和自信。

神奇的是，当孩子通过双手沉浸在某物当中时，他们不仅可以得到心理上的安定感，也能打开曾经牢牢坚持的心理防线；可以猛然打开话匣子谈论埋藏的伤口，也能讲出此前不敢在妈妈面前说的话。随着双手随意地揉捏搓弄黏土，孩子躁动的内心能够平静下来，同时激发新的思考来体验富有创意且积极的活动。在心理治疗现场，黏土也被广泛用于提升孩子的自尊和调节愤怒。

### ☆黏土的治疗性意义

黏土可用双手来抓、团、按、扭、拆、贴、折、滚动、拍、和，可以做出希望的各种形状；如果不满意，还可以团起来重新开始。因此，这种材料不仅能相对减轻失败感，也能轻松获得成就感。

无论对黏土施加多少力量它都不会破碎，只是形状会改变。完成了的作品也可以重新制作新的。材质的手感、温度和触碰的触感会使心情愉悦；由于要使用到大肌肉群和小肌肉群，对发育来说也是很好的。

如果孩子不喜欢黏土粘在手上，可以准备儿童用的塑料手套。也许他们会自然而然地摘掉手套玩起黏土来。

### ☆捏碎、拍打黏土

在生气的状态下很难做出成型的雕塑，随意拍打揉捏的经验会更好。准备一小块树脂板、塑料板，或者是盘子、纸板；将其摊开，准备完成把表面覆满黏土这一任务：按压并延展黏土。可以和孩子比赛谁更快、更完整地铺满了黏土，假如孩子不喜欢，那就安静地开始。

由此，孩子意识到是有办法来镇定内心的，但在明白镇定内心的重要性之前，还需要妈妈细致的心理接近法。

### ☆妈妈的治愈对话

建议先备好黏土。当孩子生气时悄悄取出并开始游戏，孩子会轻松地对黏土产生关注。这时不要说"玩黏土会让心安静下来""据说玩黏土有利于心理安定"，妈妈的说教语言习惯只会起到让孩子拒绝做任何事的效果。最好能帮助孩子不知不觉地玩黏土并感到快乐，自然而然地通过黏土调节情绪的经验非常重要。

只要成功一次，孩子就会在不高兴的时候主动寻找黏土。

## 第四周：我是什么样的人？

和孩子一起完成下面的清单。孩子会在填写的同时希望将自己描述成更完美的人，完成后可以加以装饰或装裱起来摆放在桌子上。随着孩子长大，这些内容会逐条填满。填写清单并不是单纯地写作文，其意义在于整理并完成自己的人生。这项工作并不只是针对孩子，和妈妈、爸爸、兄弟姐妹一起做会有更好的效果。

| ·我是什么样的人? |
|---|
| 1. 我是　　　（姓名） |
| 2. 我是　　　和　　　的女儿（儿子）的哥哥（弟弟姐姐妹妹） |
| 3. 我是、　、　、　的人（描述自己的形容词） |
| 4. 我爱 |
| 5. 我喜欢 |
| 6. 我在　　　时很幸福 |
| 7. 我希望 |
| 8. 我喜欢分享 |
| 9. 我不喜欢 |
| 10. 我害怕 |
| 11. 我享受 |
| 12. 我在做　　　时很幸福 |
| ·试着深入探索"我" |
| 最让我伤心的是＿＿＿＿＿＿＿＿ |
| 最让我生气的是＿＿＿＿＿＿＿＿ |
| 最让我害怕的是＿＿＿＿＿＿＿＿ |
| 最让我高兴的是＿＿＿＿＿＿＿＿ |
| 最让我兴奋的是＿＿＿＿＿＿＿＿ |
| 最让我觉得有趣的是＿＿＿＿＿＿＿＿ |
| 最让我觉得有意义的是＿＿＿＿＿＿＿＿ |

## 第五周：我的擅长之处、自我满意之处、引以为豪之处

这一周要制订一份比先前更具体反映孩子目前生活的清单。进行过程中，不仅可以了解孩子现在的生活，也能帮助孩子自发地客观了解自身。

我是这样的人！

| 年　月　日 | | 小学　　年级　　姓名 |
|---|---|---|
| 我喜欢的人 | | |
| 1. | | ·理由： |
| 2. | | ·理由： |
| 3. | | ·理由： |
| 4. | | ·理由： |
| 5. | | ·理由： |
| 我喜欢的书以及喜欢的理由 | | |
| 1. | | ·理由： |
| 2. | | ·理由： |
| 3. | | ·理由： |
| 4. | | ·理由： |
| 5. | | ·理由： |
| 我擅长的事情 | | |
| 1. | | ·理由： |
| 2. | | ·理由： |
| 3. | | ·理由： |
| 4. | | ·理由： |
| 5. | | ·理由： |
| 我对自己感到满意的地方 | | |
| 1. | | ·理由： |
| 2. | | ·理由： |
| 3. | | ·理由： |
| 4. | | ·理由： |
| 5. | | ·理由： |

**☆妈妈的治愈对话**

建议每次只在每一项里填写一条。讲述喜欢的人会很开心，提问为什么喜欢、想要一起做什么事情会有助于整理想法以及记录。

填写清单这项活动有可能造成在学习中的错觉，因为早已厌倦各式各样的习题册和图表，所以一次全部填完或者一项不落地填写这样的话语反而会使孩子的内心感到压抑。需要在开始前先与孩子围绕这个主题展开交谈。

●"据说你现在要写的是很重要的内容，因为是关于你自己的话。"

●"记录下小时候的想法是很重要的事情。当你长大成人后，每当不知道该怎样生活的时候看看这个记录，就能很容易明白自己该怎样生活呢。"

●"妈妈小时候写的日记不见了，很可惜。如果现在还有，那肯定是妈妈的头号宝贝。"

**☆扩展活动**

在谷歌中输入"朴智星日记"搜索图片，会发现朴智星小学时期的多篇日记。小孩子对足球的热爱以及用图片表现出来的足球比赛等会给孩子非常大的刺激，朴智星的小学成绩单也可以检索出来。和孩子一起做这件事会很有趣。

\*一起观看电影《还我童真》

主人公 Russ 年近 40，是一名成功的形象顾问。某一天，他的面前出现了 8 岁的自己——Rusty。40 岁的 Russ 是 8 岁的 Rusty 所期望的形象吗？ 8 岁的 Rusty 准确描述了自己希望作为什么样的人来生活。这时，40 岁的 Russ 重新明白了自己真正想要的生活。

## 第六周：认识情绪

孩子理解并认识到自身情绪之后，情绪调节就变得容易了。这里可以灵活运用理解自身情绪的多种方法，也可以告诉孩子几种方法，选择他们喜欢的来进行。

### ☆妈妈的治愈对话

- "妈妈想知道你有多生气。"
- "你有那么生气啊。"

### ☆扩展活动

*情绪温度计

孩子理解自身情绪状态是情绪调节的开始。了解了情绪处于哪一程度之后，才能进行表达。给孩子展示情绪温度计，估算对某事的生气程度即可。

*情绪骰子游戏

可以用纸做的骰子、正六面体的箱子、在普通骰子上贴或画情绪单词都可。在骰子的 6 个面附上"生气、悲伤、担忧、羞愧、心情好、惊讶"等情绪单词就可以用了。也可以做两个骰子，一起滚动着玩。

滚动骰子，停下时有一面情绪向上。回忆自己何时感受到了该情绪并表达出来，或者想象着表达。两个骰子一起玩时，想象何时能同时感受到这两种情绪并表达出来。孩子做不好时，妈妈可以先示范。

*情绪宾果（Bingo）游戏

用情绪单词来做宾果游戏。根据孩子的年龄制定宾果的个数，给出情绪单词表，选择单词填写到格子里。即便是非常简单的游戏，也深受孩子们喜欢。

"我的表面情绪与真实情绪"，孩子较为充分地认识自身情绪后，可以区分表面情绪与真实情绪后开始这项任务了。对折 A4 纸，在外面画上别人看到的我。

打开纸张，在内侧画出别人不知道的另一个我，还可以写上真实情绪真正想要表达的话。当然，如果孩子不情愿，一定不要强迫。

未能正确认识情绪的孩子可以写下生气时想说的话，在旁边补充话里隐藏的真实意思。

## 第七周：培养不同情形下的理解能力

攻击性孩子产生攻击行为的原因是愤怒感。愤怒感来自于孩子对所认识的情形的错误理解，因此有必要时刻检验孩子理解的情境是否得当。攻击性的孩子大部分共情能力不足，常对相似情境产生认知扭曲。代表事例是攻击性的孩子会把普通的注视误以为是怒视。因此在不同的情境中，思考该情境出现的各个原因就有可能减少孩子的火气。建议给每一情境都找 5 个以上的产生原因，越是想出多种原因，孩子越能体验到生气情绪的减少。

情境：我身边的两个朋友突然开始说悄悄话的原因是？

1.

2.

3.

4.

5.

情境：上学时间，朋友站在教室前不走进来坐下的原因是？

1.

2.

3.

4.

5.

情境：老师装作没看到我行礼的原因是？

1.

2.

3.

4.

5.

## 第八周：无论何时总会有双赢的办法

攻击性的孩子容易认为只有发挥自己的力量才能解决问题。因此，有必要使他们明白还有其他的可能。

《猩猩王与大炮》一书中，猩猩王到邻居猴子国去散步。猩猩王"嗷吼"一声帅气地亮相，但没有人欢迎地打招呼，甚至都藏起来了。愤怒的猩猩王回到自己的国家，命令朝猴子国开炮。大臣们认为不该向无罪的猴子国开炮，但又不敢违背王的命令，只得交头接耳，愁苦不已。大臣们想出了什么办法呢？

孩子知道会有两全的解决方案。在故事中间，可以让自己站在大臣的立场、邻国猴子的立场、猩猩王的立场，不同角度的思考可以得出更好的办法。如果自己是猩猩大臣会想出怎样的解决办法呢？提前思考这一问题也非常有趣。假如孩子提出的意见会对某一方产生危害，可以使孩子来预测结果，如此，孩子会轻松领悟。分析猩猩王的性格同样有趣。生气时虽然粗暴，但也能出乎意料地展现纯真和天真烂漫的一面。

《我的耳朵不对称》说的是为自己不对称的耳朵苦恼的兔子的故事。它想了所有办法，也做出了各种努力，但朋友们仍旧拿自己开玩笑，问题也没有得到解决。在医生的帮助下得到启示的瑞奇终于接受了自己的样貌，还通过新的方法解决了和朋友们的问题。

绝大部分情况都能找到对双方都有利的解决方案。这样的故事知道得越多，孩子越能养成积极解决问题的态度。故事的力量是转变孩子想法与行动的源泉。

## 第九周：通过头脑风暴培养问题解决能力

这指的是在一个情境中寻求多种解决方案。头脑风暴是要寻找所有能想到的解决方案，评价与决定是下一阶段的工作。首先与孩子一起寻找多种多样的解决方案，这一过程能激发孩子的认知兴趣。确认自己能想到各种主意的过程不仅能带给孩子快乐，也能帮助他们思考更加聪明的方法，当然也会萌生选择最明智方法的力量。

☆妈妈的治愈对话
- 接受孩子的所有意见。
- 同样欢迎荒唐的意见。
- 绝不批判或评价。
- 主意越多越好，继续给予支持和鼓励。

☆情境
生病的朋友因为脑肿瘤手术掉光头发。幸运的是手术很成功，朋友能够重返学校，但朋友因为没有头发感到丢脸。如果我是同班同学，我会怎么做？

| | 解决问题的方法 |
|---|---|
| 1.<br>2.<br>3.<br>4.<br>5. | |

从孩子提出的各种解决方案中选择孩子满意的方法。假如问题关系到两个人，那要选择双方都喜欢的方案。这种情况可以利用下表：

| | 解决问题的方法 | 孩子的意见（O，X） | 妈妈的意见（O，X） |
|---|---|---|---|
| 1.<br>2.<br>3.<br>4.<br>5. | | | |

双方都表示完（X，O）后，选出双方都标注 O 的方法。将以上步骤应用到不同情形中，孩子的问题解决能力会逐渐提高。例：

情境：想阻止弟弟随便碰我的东西该怎么做？

情境：想提高数学成绩该怎么做？

情境：想要朋友不拒绝，该怎么做？

作为参考的以上事例真实出现在美国。El Camino Creek 小学四年级的 Travis Selinker 因患脑肿瘤在医院接受了 7 个星期的放射治疗，因此他的头发全部掉光了。就要回到学校的 Travis 因为没头发而烦恼不止。但走进教室的瞬间，他却被剃光了头发、热情欢迎自己的朋友们吓了一跳。朋友们担心 Travis 为没有头发而觉得丢脸，出于关心而把头发都剃光了。（参考 2013 年 6 月 19 日《世界日报》）

不要为孩子没想到这一步而感到失望，真实的故事会使孩子的内心世界更宽广地成长。这种故事听得越多，孩子的主意也会越进步。

## 第十周：10 年、20 年后的我

预测自己未来的样子有助于孩子摆脱目前沉闷的状况，帮助他们看得更远。所有人都想象美好的未来。这项工作做得越多，现在的孩子越能选择好的行为方式。可能的话具体想象自己未来的样子吧。再写一下未来日记，想象并写下20 年后的我最幸福的日子。

　　为使想象更为具体，可以提出几个问题。

- 谁会成为我的家人？
- 我从事什么工作？
- 我生活在怎样的房子里？
- 假期里，我和家人做什么活动？
- 我最喜欢的兴趣活动是？
- 现在的朋友中，我会和谁一直保持好朋友关系？
- 到那个时候，我现在的家人会是什么样子，会过着怎样的生活？

# 注意力难集中的孩子也可以有自己的集中风格

**妈妈的苦恼：读三年级的孩子太松懈了。**

我家孩子在读三年级，做作业时精力不能集中 5 分钟以上；和朋友一起玩耍不能持续玩一种游戏，还会妨碍朋友；吩咐他做事情，不能完整记住妈妈的话，会重新问两三遍；手也不能老实放着，一直摸这摸那，什么都要拿起来弄乱再放下；最近有发生漏掉通知或者说没有做作业的情况；考试时总是答错会的问题；总嘱咐他集中、好好看，但没什么改善，就像魂儿跑到别处去了，丢东西就不用说了，忘掉给他准备好的东西更是司空见惯……孩子为什么这样松懈呢？

## 孩子为何不能集中注意力？

在听到"不能集中注意力、松懈"这样的评价时，妈妈首先要做的是思考"我的孩子真的是这样的人吗？"上文里的孩子好像真的很松懈，但也可能是其他缘故导致了那样的行为。此外，对松懈的判断是否正确也需要检验。孩子在什么时候松懈？你认为孩子不能集中注意力的时候，孩子有什么行为？你认为孩子很好地集中注意力时该做什么、如何做？

如果向诉苦说孩子松懈的妈妈提出以上问题，可以发现她们的根据大部分来自自己的主观判断：上小学一年级的话，应该可以至少坐着学习 30 分钟；学习或做作业的过程中，要完全注意不到其他东西。问每 5 分钟就要站起来一次的孩子为什么总要站起来，孩子回答说觉得一点意思都没有，所以没法老实坐着；不知道为什么必须要做作业，机械地做好像也学不进去。并不是因为松懈才动辄站起来，学习动力不足、不能充分认识到学习的意义才是主要的原因。

想一想孩子在专注时的样子。做作业时连 10 分钟都坐不住的孩子假如可以在画画、做手工、读书时专注地坐上 30 分钟甚至更长时间，那么他便不是松懈，只是学习兴趣和学习动机不足而已。不要给这类孩子扣上松懈的帽子。如果经常这么说，孩子真的有可能形成松懈的自我认识。大部分妈妈看到的孩子松懈的情形其实都是缺乏学习兴趣或者学习动力不足。

另一个原因是情绪性不安定。因为不能在情绪上安静下来，所以无法集中精力做作业或者学习。在不知道这一原因的情况下，总是要求孩子集中注意力完全是无用之举，孩子反而会增加埋怨。搞清楚孩子心里为什么不舒服更重要。

由于各种原因导致注意力不集中这一情形，需要进行集中注意力的训练。注意力集中能力不足的孩子难以做到认知层面的注意力集中，集中时间也非常短暂。对需要逻辑性探索策略的复杂认知学习也感到困难：注意力不集中的孩子到了高年级，即便认真学习成绩也还是下降。

## 我的孩子是 ADHD 吗？

在进一步讨论注意力集中这个问题之前，先来了解非常有名的精神科疾病：注意力缺陷多动障碍（ADHD：Attention-deficit hyperactivity disorder）。首尔大学医院神经精神科的教授集体在 2009 年欧洲《小儿青少年神经精神学会杂志》上发表了一篇论文，该论文以首尔市内 6 所小学的 2493 名学生为对象进行 ADHD 检查，结果表明韩国小学生 ADHD 发病率为 5.9%，症状轻微，但在学业或同辈关系中表现出类似问题的学生比例为 9%。也就是说，韩国小学生中大约有 15% 的孩子需要接受专门的 ADHD 诊疗和咨询。

近来，孩子如果不能很好地集中注意力、冲动性地发火、上课时间在教室来回走动的话，很容易被怀疑是 ADHD。班主任见到这种症状也会让父母带着孩子去咨询室或精神科看一看。

初次听到这话的父母会受到非常大的冲击。但坦率地说，妈妈是已经知道孩子松懈的情况的。虽然知道，但并没有为此太过操心，而是想着等他长大后自然而然好起来。但是养育环境与以前大有不同，大部分孩子压力很大，所以带给彼此的伤害很多。因此，孩子的这种症状常常迅速恶化。

如果真的认为孩子严重到需要接受诊断的程度，一定要尽快寻求专家的帮助。若是因为偏见、陌生或是自尊心任其发展，问题会越来越严重。接受专家的帮助，同时配合妈妈的努力，确实会有很大改善。

接下来是美国精神医学会《精神障碍诊断与统计手册第四版（DSM- IV）》关于 ADHD 诊断标准中"粗心"的部分。回忆孩子所表现的行为，检查以下情况：

1. 经常无法注意细节，或是在学业、职业及其他活动时因粗心而犯错。

2. 完成任务或玩游戏时经常无法长时间集中注意力。

3. 经常在他人与自己讲话时表现出不倾听。

4. 经常不能完成指示，不能完成学业、杂事、工作场所的任务。（并非违抗行为或并非因为未能理解指示。）

5. 经常不能有条理地完成任务和活动。

6. 经常回避或声称讨厌而抗拒参加需要持续认真做的任务(学业及作业等)。

7. 经常丢失完成任务或作业时需要的物品（玩具、学习任务、铅笔、书或者道具）。

8.经常因外部刺激而分心。

9.经常忘记日常活动。

以上症状至少出现 6 项，持续至少 6 个月，达到适应不良的程度或与发育水平不相称，那就要怀疑注意缺陷症状。如果认为孩子的表现属于诊断标准的范围，建议寻求专家帮助并开展注意力集中训练。

## 父母为培养注意力必须要做的

注意力是孩子提高学业水平、维持正常学校生活与朋友关系所必需的能力，所以要在幼儿期与小学时期好好发展。为了培养孩子的注意力，要仔细地观察。

首先，培养注意力要先培养孩子的兴趣。这是要使孩子对某事产生兴趣，帮助他们寻找动机。因此要想一想自己想要做的事情，学习并且练习坚持下去的方法。只要有兴趣，孩子就能做得很好。非常讨厌写作的孩子能够连续 20 ~ 30 分钟写作，讨厌数学的孩子也能集中精力学习数学。集中的程度并非最重要的，对该科目的兴趣才是影响注意力的关键。

不要强迫孩子。"要做作业啊，快打开作业本。"这样简单的对话在孩子看来也是强迫。对有松懈特点的孩子而言，"想做"才是最重要的动机，意思是只有产生兴趣和好奇心才有行动。如果希望孩子做作业，不妨找出作业里让孩子感到好奇的例子，和孩子谈一谈吧。

重建环境。如果需要集中精力，首先要除去环境要素中可能转移孩子注意力的东西。环境处理得好，心平气和坐下来也不会被其他事物吸引。我们想一想，坐下来做作业，如果除了作业之外没有能吸引注意力的东西，那么集中在作业上的时间就会延长了。

提供吸引孩子兴趣的环境。包含与教学有关的丰富信息的百科辞典、其他相关书籍就在眼前的话，孩子会不知不觉翻看。如果眼前有相关视频或其他照片资料，孩子也会不由自主地集中注意力去看。吸引孩子的注意并能提供有益信息的环境对提高注意力有很大帮助。

## 灵活运用松懈的好奇心

把"松懈"换个角度思考，将孩子的好奇心"看作像山一般"，如何？与孩子商谈时见过好奇心到处转移的孩子、软弱无力的孩子、用愤怒来爆发能量的孩子，其中好奇心多的孩子最容易治愈。只要把好奇心向积极的、自我发展的方向引导即可，可以看到他们努力、快乐、满足的形象。也就是说，我们要帮助孩子在自我调节能力尚且不足的童年期激发好奇心的生命力。

松懈的孩子具备怎样的潜力？即便松懈，也能对感兴趣的事情集中精力。学会注意力分散时的应对方法之后，孩子会自己调节松懈情绪。因为精力很旺盛，所以他们有想要做好的意志，也想要培养注意力，对集中精力完成的任务有很大成就感。因此，只要找到属于自己的专注方式，孩子们就可以成功地完成任务。

坚持学习了几分钟并不重要，那段时间里有多么集中才是重要的。10分钟转移一次注意力的孩子可以说是松懈，但10分钟里很好地集中精力了该怎样看待？对于10分钟后做别的事情这一现象，比起批评，要表扬孩子这期间一直集中了注意力，那么孩子的集中时间会慢慢延长，孩子也能形成自己的集中方式。

现在思考一下，我们应当只解决松懈产生的问题呢，还是应当正确利用松懈情绪产生的精力，或者找到松懈的孩子能够集中精力的事物并帮他们取得成就呢？大部分父母会把精力放在孩子的问题以及解决问题上，但认可孩子原本的面貌并在其中寻找发展的可能性也是十分重要的。

## 培养孩子注意力的心灵成长 10 周计划

| 周　别 | 活　　动 |
|---|---|
| 第一周 | 认识倾听的意义 |
| 第二周 | 培养听觉注意力——注意指令 |
| 第三周 | 培养听觉注意力——听歌曲，根据节奏拍手 |
| 第四周 | 培养视觉注意力——分辨 |
| 第五周 | 培养视觉注意力——按顺序找数字游戏 |
| 第六周 | 培养视觉注意力——高难度 |
| 第七周 | 听觉·视觉注意力游戏——言行不一致游戏 |
| 第八周 | 观察并描述 |
| 第九周 | 故意做错常出错的事情——我可以正确记住 |
| 第十周 | 找单词游戏 |

### 第一周：认识倾听的意义

以下是"净林儿童青少年心理研究会"的苑淑妍（音译）老师进行团体读书治疗的对话。

治疗师：有没有感觉过大人不倾听你们的话？

真善：我问妈妈自己要找的东西在什么地方，她因为在和姐姐说话，假装没有听到。

治疗师：是吗？真善当时心情怎么样？

真善：好像自己被无视了。

治疗师：所以你是怎样做的？

真善：我立刻就大声发脾气了。

治疗师：这回来听听民秀的故事。民秀是怎样的情况呢？

民秀：妈妈在和大人说话，不听我的请求。

治疗师：当时是什么心情？

民秀：不喜欢呗。

正勋：我也是。我的妈妈爸爸经常无视我的话，不听。大人只做自己想做的。

孩子们对大人不倾听自己讲话非常生气，但并没能认识到自己也没有正确去聆听别人。使孩子明白自己的听觉注意力怎么样也很有意义。

## ☆体验自己的听觉注意力

取出一张纸，根据老师的指示画画。

"来！现在开始好好听老师讲的，你们把它画出来。先画出一个圆圆的脸，星星一样的眼睛，三角形的鼻子，四方的嘴，四角形的嘴唇，直竖的头发，三角形的耳朵。怎么样，都画好了吗？"

孩子完成图画后和朋友们做比较。孩子会知道即使听着相同的话，彼此画出来的作品也有多么不一样。

再如："画一个四角形，在里面画一个圆，在圆里画一个三角形，在四角形的右边画一个心形，在四角形的左边写上数字 2。"

治疗师：画画时的感受是什么？

民秀：我不知道该画多大。

治疗师：问得很好。没错，因为不知道确切说的是什么，只能按照自己理解的来画了。是老师没有准确地告诉你们，大家都不知道大小、位置吧？现在重新练习一遍吧，这次你们可以提问不清楚的地方。

治疗师：请画出四角形。

民秀：画多大呢？

治疗师：半页纸那么大。现在在四角形中间画一个圆。

民秀：画多大呢？

治疗师：把四角形里面画满吧。

真善、民秀：好的。（做得很好）

正勋：（突然烦躁起来，用脚推开桌子。）

治疗师：正勋想要画好的，可因为不顺利才这样做。

正勋：不是说把圆画一半的吗？为什么又说要画满？

治疗师：正勋听错了啊。我说四角形是半页纸那么大，圆形要画满四角形。孩子们，你们是怎么听的呢？

真善、民秀：对，没错。

正勋：（突然开始流眼泪）要气死了，考试得了70分，任天堂游戏都不能玩了，现在连这个都不顺我意！

治疗师：是这样啊。正勋不能玩自己喜欢的任天堂，所以心情肯定很不好！正勋，如果你觉得辛苦，老师可以帮你……

正勋：没事的。

治疗师：那么刚才是因为对画的圆不满意对吗？好像可以擦掉再画。

正勋：我的橡皮不好用。（话音刚落，民秀和真善各自拿出橡皮想要借给正勋。）

治疗师：正勋啊，你也可以在新的纸上画画。可以让老师帮助你，如果不想画也可以停下。你想要怎么做？

正勋：（哭着）我想暂停。

治疗师：知道了，老师非常理解你现在的心情。

观察与正勋的对话，可以发现治疗师与孩子的心情充分共情，也在帮助孩子体验听觉的意义。孩子很容易对他人不听自己讲话产生怨恨，但是难以认识到自己并没有倾听这一事实。最好能安抚孩子的情绪，同时帮助他们认识到倾听很重要、为了好好倾听需要练习等事实。认真倾听的训练从根本上讲是培养注意力集中的必要过程。

## 第二周：培养听觉注意力——注意指令

这个游戏要求注意指令并行动。慢慢讲一遍指令，让孩子按照指令行动，孩子非常缺乏听觉注意力的话可以读两遍，可以任意应用参考例文创作。孩子在扮演设计问题的角色时会认真地参与进去，执行自己设计的问题时能感受到更大的乐趣。

| | |
|---|---|
| 右手举到头部，<br>用左手拿着图画书，<br>拿着两支铅笔，<br>走到桌子前面来 | 闭上右眼，<br>抬起左腿，<br>左手拿着青草，<br>唱兔子之歌 |
| 头顶着橡皮，<br>嘴叼着圆珠笔，<br>合起双手祈祷，<br>眨眼睛转 3 圈 | 拍掌，<br>同时念 10 遍朋友的名字，<br>同时向后走 10 步 |
| 吹口哨，<br>睁大双眼，<br>跳着舞走到前面来 | 大喊：妈妈我爱你！<br>两手做翅膀的样子，<br>踮脚转 3 圈 |

有名的"蓝旗红旗游戏"或者"鼻子鼻子鼻子眼睛！"游戏同样会有很好的效果。

## 第三周：培养听觉注意力——听歌曲，根据节奏拍手

缺乏听觉注意力的孩子在听课或者学习时很容易被周围微小的杂音分心，无法集中注意力。如果是这种情形，听音乐打节拍的练习很有效。听歌，歌词

中出现以声母"b"开头的字时拍一下手。熟悉一个声母后，可以灵活增加"p，m，f"等其他声母。

## 第四周：培养视觉注意力——分辨

在给出的图形里寻找相同文字或式样、图形。如果能像游戏一样愉快地进行，孩子会觉得非常有趣。孩子每做完一次游戏，妈妈都要在评价表格里记录该次在规定时间里找到了多少。今天做过、明天又做的话，明天的表现一定比今天好。相比于"比朋友做得好"，"今天的我"比"昨天的我"更有进步这一事实非常重要。例：

*找一找和【　　】一样的图形。有（　　）个。规定时间：40 秒

*下面是希腊文字。请找一找有几个 δ（德尔塔）。（　　　）个。规定时间：40 秒

*再把下面的文字都找出来。数着罗马数字做会帮你找得更好。

（α 阿尔法 β 贝塔 γ 伽玛 δ 德尔塔 μ 缪 π 派 σ 西格玛 ω 欧米伽）

## 第五周：培养视觉注意力——按顺序找数字游戏

依次找出数字 1~50 或者 1~100 并画圈。

在这个游戏里，重要的是准确并迅速地找出所要找的目标。先要有准确性，再求迅速。曾发生过因为只求快而没能好好训练注意力的情况。

提倡由孩子亲自制作并完成这个游戏。在纸上写下数字，然后妈妈和孩子交替寻找即可。玩过几次过后，孩子就能找到策略，也会做得更好。

一个三年级的小男孩不喜欢亲自从 1 写到 100，不情愿地胡乱写了数字。听说要按顺序从 1 到 100 重新找到数字并画圈时表现出不满："啊，为什么？"可听说又要计时时，说"啊，等一下"，做起了开始游戏的准备。这个孩子花了

15 分 35 秒找全了 100 个数字。连 5 分钟都坐不住的孩子，只要给他需要费一点努力的任务并让他来挑战，就能轻松增加注意力集中的时间。

不需要事先打印好的资料。妈妈和孩子各自在一张空白的纸上写下数字，根据孩子的水平，让他写到 30、50，甚至 100。这时虽也有学习数字的好处，但重要的是绝不能给孩子带来学习的感觉。

这一做法还能教会孩子亲自设计并运用，试着和孩子一起用电脑编写练习问题吧。孩子在进行创造性活动时会产生更多的兴趣与动机，会感觉到自己不是只要回答问题就行的被动个体，而是能够亲自做出道具的能动个体。这是增强孩子的自尊心和自信心的捷径。

如今的孩子们没有昂贵的玩具和游戏道具便不能和朋友们一起玩耍。教会孩子只用数字就能玩耍的技能，他们也得到了和朋友在一起时主导游戏的资源，这不是很好的办法吗？

☆扩展活动

可以被利用起来做练习的道具应有尽有，可以利用报纸的某一页寻找特定文字( 例:找"大" 字，找数字"5" 等 )。报纸如果太大，可以对折，甚至再对折，只要该面积能让孩子带着充分兴趣完成游戏就可以。这样想的话，心思所及之处都是培养视觉注意力的工具。

## 第六周：培养视觉注意力——高难度

稍微再增加一点难度。按顺序连接写有 1 ~ 10 字样的图形，或者寻找同样的图案或式样。

有的孩子因为没能认真看考试问题的文字或图片式样而写下荒唐的答案，这是视觉注意力不足的缘故。这样的孩子会花很长时间搜集必要的信息，读书时也会因为没能注意视觉性的文章而无法理解内容，甚至不能坚持读到最后。提高视觉注意力的游戏有助于训练孩子。当然，孩子亲自编游戏会更有效果。

## 第七周：听觉·视觉注意力游戏——言行不一致游戏

这个有趣的游戏同时练习视觉注意力和听觉注意力。

"言行不一致"是让手和口分别活动的游戏。嘴里说1时，手指要表示出除1之外的2～5。虽然单一，却要同时考虑到视觉和听觉，因此并不容易。训练尚未完成的孩子可能会感到困难，但可以在训练进行到一定阶段后尝试着慢慢地做一下。如果想要更容易地掌握方法，可以在网上搜索"言行不一致"的视频。几年前的综艺节目《X Man》里，刘在石和姜虎东一边搞笑地喊着口号一边兴奋地玩游戏，看到他们的样子你会轻松理解这个游戏。孩子可以和妈妈两个人玩，也可以全家一起玩。

## ☆方法

后面的人看着前面人的手，说出手中的数字，同时用自己的手表示出别的数字。假设A、B、C 3个人玩游戏，可以参照下面的步骤进行。指挥说"开始！"和着《I'm Ground》这首歌的节拍拍手从第一个人开始。

口号:（和着《I'm Ground》的节拍）"开始！"

| A | B | C |
|---|---|---|
| 嘴——3<br>手指——2 | 嘴——2<br>手指——2之外的数字（5） | 嘴——5<br>手指——5之外的数字（1） |

## 第八周：观察并描述

这是某位小学老师的金鱼课堂故事。学生们每天都看着金鱼，快乐地过着日子。有一天，老师把鱼缸用布盖住，让学生们画出金鱼，可是没有一个学生能准确画出金鱼的样子，眼睛、鳃、鳍的样子乱七八糟。原因很简单：虽然每天都在看，但是谁都没有观察。要想提高关于某事的注意力，一个有效的方法是教会孩子看哪儿、怎么看。如果细致观察了，无意间看到的对象也可能更准确地被描述出来。但如果观察不充分，记忆再很生疏，就很难准确描述出来了。因此，先观察是非常重要的。

捡一片落叶观察并作画，或者用语言进行描述。这个方法还可以应用到很多物品上，铅笔、尺子、笔筒、包等孩子身边的物品更好。认识这些东西虽然总带在身边却没能记住的经历有助于孩子产生更多的思考。

拼图游戏是提高视觉注意力的好游戏。只要把全家人能一起玩的拼图游戏生活化即可。式样和颜色华丽的拼图会激发孩子的好奇心，拼拼图的过程能促进左右脑的开发，提高创意、注意力以及耐心。各式各样的拼图很容易买到，可以选择适合孩子水平的拼图来进行游戏。

此外，更提倡孩子自己动手制作拼图。最简单的方法是给孩子一张 A4 纸，让孩子作画，画好后剪开就可以了。把自己的画重新拼好会意外地受到孩子的欢迎和热爱，孩子还有可能说"再玩一次"。另外的办法是在网上购买没有图案的空白拼图，孩子直接在上面作画，完成后就是拼图了。孩子们对亲手做出的东西会更有兴趣，也收获更多的意义。

## 第九周：故意做错常出错的事情——我可以正确记住

美国的某位心理学家总是打错特定的单词，因此故意把那个单词打错一页半之多，据说之后再也没有打错那个单词。我们应用这个办法，让总是读错文章惹妈妈生气的孩子特意错误地读，可能是因为紧张消除了，孩子反而读得更好了。

和孩子一起玩故意犯错的游戏吧。"输的剪刀石头布"有效果的原因也正在此。给孩子提供"故意写错数学运算的答案""写作文时每句错 5 处以上"这样的任务，他们会意外地发现犯错并不是一件容易的事情，而且注意力反而更集中了。总之，最重要的是孩子对注意力集中的体验，而且孩子也能借这一全新并且有趣的经历对自己产生新的认识。

## 第十周：找单词游戏

一边读书一边寻找书中的单词或者句子，制作句子卡片，根据卡片行动……这也是培养听觉注意力的好办法。

1.复印几页孩子喜欢的书。

2.找出常出现的单词或孩子喜欢的单词，画圈。

找单词：家、熊、柿。

找两个字的单词：树木、妈妈、扇子。

找 3 个字的单词：松鼠、鬼脸、国王。

以此类推。孩子找到的文字越多，兴致越高。

# 冲动性多动的孩子也能学会自我调节

### 妈妈的苦恼：孩子在上课时间来回走动……

孩子一年级入学刚过一周老师就联系到了我。老师说哄也不行骂也不行，还说孩子可能是 ADHD。孩子在幼儿园的时候很活泼，虽有一点注意力不集中，但并没到现在的程度。孩子真的是 ADHD 吗？并不想去医院。怎么做才好呢？

孩子为什么在上课时间来回走动？

孩子入学后，像这样被班主任指责冲动行为，或是被劝说去医院或咨询室的孩子越来越多。但有些孩子去医院做了检查，却得出并不是 ADHD 的结论。孩子不是 ADHD，可为什么有这样的行为呢？

曾经问过孩子：为什么上课的时候在教室里来回走？孩子的回答很好笑："为什么不能啊？幼儿园里可以在上课时间去这儿去那儿啊。"也许是孩子没有认识到幼儿园和小学的区别，没能明白上课时间允许某种程度的来回走动的幼儿园与上课时间绝对不能走动的学校是不同的。

就要进入公立小学一年级的孩子在开学典礼的早上问妈妈："妈妈，校车什么时候来？在哪儿坐？"孩子的问题虽有些荒唐，但是事实上反映出孩子还不清楚学校是要自己走着去的地方，这是因为没能明白幼儿园和学校的差异。由此，大部分孩子在熟悉学校的规则和生活之前，都需要失误和走弯路的时间。

## 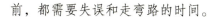 关于冲动性多动症

以下是最普遍的诊断标准——美国精神医学会及其制定的 DSM- Ⅳ 对冲动性多动症的界定。

● 多动

1.常在座位上表现为手脚躁动或扭来扭去。

2.常在教室或其他需要坐在座位的场所离开座位。

3.常在不恰当场所乱跑或乱爬。

4.难以静下心来完成或从事休闲活动。

5.常常忙个不停或动个不停。

6.常说个不停。

● 冲动

7.常在问题尚未提完时脱口说出答案。

8.难以等着按次序。

9.常常中断或突然干涉他人。

有以上 6 种以上（含 6 种）行为表现，且持续至少 6 个月并达到与发育水平不相称的程度，则可以怀疑是多动—冲动行为症状。

如果确实达到这一程度，孩子会因为过于活跃和冲动在许多情形下引发问题，结果朋友关系产生问题。如果连续受到指责，自信心和优越感缺失等续发问题也会更加严重。

如果认为孩子属于以上界定的范围，要毫不犹豫地寻求医生的准确诊断。因为在父母犹豫的时间里，孩子的病情可能一天天恶化。应当尽快准确地得到诊断，之后妈妈考虑好要做什么，重新开始。

如果没达到这样的程度，但表现出某种程度的多动，或是不守规则，或是表现出冲动行为，或是因反抗行为在朋友间或学校生活中引发问题的话，必须要让孩子练习恰当地调节。

## 因妈妈的努力而好转的宙沅

宙沅一入学就最先被老师记住了名字。并不是因为他聪明和听话，而是因为上课时间不能好好坐在座位上，随心所欲地突然站起走来走去；一旦不满就对朋友拳脚相加，发生争端就吵架。但老师注意的也只有这些时候。他在休息时间更过分地在走廊里蹦跳，还突然走进别的班级。班主任在观察了一个月之后叫来了宙沅的妈妈，建议她带着孩子去接受咨询。

宙沅在家里的行为也有很多问题。比如不能坐在座位上吃饭，要走着吃；弟弟不听话就打他或者把他惹哭，这样的事时有发生；不打招呼就离家找朋友也不是一次两次……他的行为越来越严重，如果不让玩电脑游戏，就离开家到文具店门口的游戏机前转悠。

被孩子的行为消磨到筋疲力尽的妈妈甚至产生了巴不得接受诊断，哪怕吃点药也好的念头。因此去医院做了检查，却发现并不是 ADHD，而是因为在幼儿期应该学习并熟练的行为调节力没能得到正确的训练。

宙沅最先接受了每周一次、为期一个月的和医生一起进行的冲动调节计划。一个月后，由受过学习的妈妈在家里给他进行每天 10 分钟的训练计划。第一个月，孩子虽然烦躁减少，可是在学校生活里并没有表现出明显的变化。但在和妈妈一起进行每天 10 分钟计划之后，学校生活开始有明显的变化。孩子有好几次要求将训练时间由 10 分钟延长到 30 分钟。

首先，上课时间几乎不来回走动了，在课堂上无法集中精力时也只是玩手或往窗外看，这说明调节开始生效了。随着训练的进行，孩子不再烦躁、突然移动，反而有了在开始行动之前询问的习惯。妈妈越是努力，孩子越渐渐多了端正的行为。一个学期之后，宙沅的情况有了极大好转，在和其他孩子对比时已经很难发现特别的冲动表现。

每每经历这种事例，都对妈妈的力量重新充满敬意。医生说一周进行两三次就会有效果，但宙沅妈妈认为自己错误的养育态度造成了孩子现在的样子，也许是出于这样的负罪感，她非常认真地完成计划。同时，看到孩子的变化也得到了更多的力量。冲动调节困难并且因为多动导致社会问题的孩子们的预后并不乐观，但如果像宙沅这样在很小的年纪开始训练并且坚持进行下去，每个孩子都能改善自己的调节能力。

## “棉花糖实验”背后的故事

回想一下针对幼儿开展的棉花糖实验故事，是不是只了解到"忍住不吃掉眼前的棉花糖的孩子，在未来会更成功"？因此在轻率地对我们的孩子做出判断之前，希望你先了解它背后的故事。

### ☆棉花糖实验1

第一次棉花糖实验。斯坦福大学的心理学家米歇尔博士在1966年对653名4岁的幼儿开展了棉花糖实验，15年后，也就是1981年，他再次会见已经19岁的孩子们，并接着发表了棉花糖实验结果。没吃棉花糖并且忍耐时间越长的孩子，较之于没忍住的孩子，越能在家庭、学校生活的各方面表现得更优秀，大学入学考试的分数也更高。即便只有十几岁，父母的评价也非常了不起。

之后的跟踪调查报告称，发挥了忍耐力的孩子过着成功的中年生活，没能忍住的孩子则有肥胖、药物中毒、不适应社会等问题。

这篇论文发表后，众多韩国父母纷纷用糖果、巧克力等做实验，对没忍住吃掉的孩子感到失望，或者找出不得不吃掉的理由反驳实验或忙着辩解。诚实地说，笔者也是其中之一。

## ☆棉花糖实验 2

第二次棉花糖实验。1989 年米歇尔博士研究组发布了后续实验结果，给为延迟满足度低而失望的父母新的希望。80 年代进行的第二次实验与 60 年代的第一次实验有几点不同。第一个不同是给棉花糖碗盖上了盖子。

在第一个实验中等了很长时间的孩子有自己的诀窍。有的孩子为了不去看棉花糖，用手捂住眼睛或者去看天花板。也在没有提示的情况下自言自语、唱歌、玩手指等，玩自己编出来的游戏。也就是说，忍住的孩子已经有能力自己创造不去看棉花糖的环境。反之，第二次实验则是由大人给孩子提供不看棉花糖的环境。

只是盖住了棉花糖这一点变化就让孩子们等待的时间延长了近 2 倍。没盖盖子的实验里，平均坚持了不到 6 分钟的孩子们在盖上盖子之后坚持了超过 11 分钟。

此外，假定孩子在等待时的想法会对坚持时间产生影响，实验者给孩子们提供了 3 类指示。

1.想想有趣的事。

2.不做任何指示。

3.让孩子想一想等待之后会得到的两块棉花糖。

结果也非常有趣。得到想有趣事情指示的孩子看不看得到棉花糖没有较大区别，平均等待了 13 分钟。没听到任何指示的孩子和第一次棉花糖实验的结果相同。得到想两块棉花糖的指示的孩子平均坚持了不到 4 分钟，盖上盖子时反而只能坚持不到 2 分钟。

实验结果告诉我们，造成孩子们在棉花糖上没有忍住的最大原因是没给棉花糖盖上盖子的大人，强调补偿又要求忍耐的大人。

## ☆棉花糖实验3

第三次棉花糖实验。2012 年的心理学杂志《认知》登载了洛克菲勒大学 Kidd 教授的研究成果，揭示了在棉花糖面前为什么有的孩子能等待，有的孩子不能等待。

实验者给 28 名 3~5 岁的孩子布置了装饰杯子的美术作业，让他们坐在有蜡笔的桌子前。告诉他们说稍等一会儿就会有更多的材料，并让孩子等待。几分钟后，给其中 14 名孩子新的美术材料；对剩下的 14 名孩子说：本以为有材料，但实际没有了，向孩子道歉，不给新材料。

由此，对经历了老师的信赖与非信赖的孩子们依次开展了第一次棉花糖实验。经历了信赖的孩子平均坚持了 12 分钟，14 名孩子中有 9 人坚持了 15 分钟。感受了非信赖的孩子平均坚持了 3 分钟，坚持到 15 分钟的只有 1 人。经历了诚信的老师的孩子比经历不守信用的老师的孩子能够多等待超过 4 倍的时间。

在这 3 个实验里，我们必须要记住的有以下几点：

| | |
|---|---|
| 实验 1 | 具备满足延迟能力的孩子具有自行忍耐时间的能力 |
| 实验 2 | 只要盖上盖子，孩子能坚持超过 2 倍的时间 |
| 实验 3 | 经历过大人遵守承诺的孩子可以坚持超过 4 倍的时间 |

实验结果传递给父母的信息如下：

\*满足延迟能力可以尽可能多地培养。

\*根据父母提供的环境，孩子充分发挥自己的调节能力。

\*父母遵守承诺的话，孩子会出色地成长。

孩子在成长中会遇到各种情况。比棉花糖实验更大的诱惑、矛盾、困难会干扰孩子的发展道路，我们希望妈妈不要在这种时刻被保护孩子的盲目母爱摆布，培养他们自发调节和忍耐的能力才是最成熟与伟大的母爱。

我们看到能够忍耐的孩子往往令人羡慕，也不吝"有耐心、明智、有自我调节能力"这样的称赞。现在不要羡慕别人，要坚信自己的孩子也可以成为那样的孩子。4岁时便有了忍耐能力、自我调节能力、满足延迟能力的孩子并不是天生如此，是因为他们自出生以来就在经历那样的环境和养育态度。

## 针对冲动性多动症孩子的心灵成长 10 周计划

| 周　别 | 活　动 |
|---|---|
| 第一周 | 桌游治疗——蛇骰子游戏 |
| 第二周 | 桌游治疗——策略游戏"不是五子棋" |
| 第三周 | 读书治疗 |
| 第四周 | 培养行为抑制力 |
| 第五周 | 速度游戏——用身体表达 |
| 第六周 | Think Aloud "大声地思考" |
| 第七周 | 认知治疗——检查自动思考 |
| 第八周 | 就像希望的事情实现了一样 |
| 第九周 | 事先制订计划 |
| 第十周 | 让别人愉悦——逗笑朋友 |

### 第一周：桌游治疗——蛇骰子游戏

玩骰子是一种概率游戏，起作用的并不是能力而是运气。所以冲动的孩子会在无法操控后变得暴躁或中途放弃游戏。

这一周里和孩子一起玩蛇骰子（后面会详细讲到这个游戏）的游戏，并且通过恰当的对话培养他们的调节能力。因为游戏本身很有趣，所以可以毫无困难地进行。谈论骰子出现的数字并不重要，无论是什么数字、情形如何，围绕孩子在该情形中表现出的态度和行为进行对话才是重要的。

冲动的孩子有把骰子扔出桌子的强烈倾向，所以会导致游戏中断或者引起朋友的反感。为了调节冲动，可以制定游戏规则，例如取一本大图画书放平，只能在书的范围内扔骰子，骰子掉到书下就休息一次。这样的规则对培养孩子的调节能力有非常大的帮助。当孩子调节了手部力量、能够转动骰子以后，可以换本小一点的图画书。当然，这个过程中重要的是不断和孩子说话。

## ☆妈妈的治愈对话

边说明数字间的图画边玩游戏

- "因为帮助了老爷爷，乘电梯上去！"
- "哎哟，因为在墙上乱涂乱画，坐着小蛇滑倒了呢。"
- "在山上种了树，有了绿绿的树林。可以往上走了。"

支持并鼓励孩子的态度

- "骰子慎重地投得不错！"
- "即使落后也没有放弃，做得好！"
- "玩得不好的时候一般都会想要放弃，你很有毅力呢！"
- "可能会想犯规，但是你很好地战胜了诱惑。"

## 第二周：桌游治疗——策略游戏"不是五子棋"

这个游戏和五子棋的原理相似，不同之处在于不是要堵住横向纵向的路，只要各自认真完成自己的任务就可以。不知不觉陷入竞争的人相比完成自己的任务，更急于要堵住别人的路。孩子也是一样。几次之后他们会明白，不妨碍别人同时完成自己的任务，可以让彼此都得到高分。

冲动性孩子的冲动理由有很多。可能是没能忍住一时的好奇心，也可能是为了得到对自己更有利的某物，还有可能是为了获胜而没有考虑周围的情况而做出的瞬间反应。这个游戏能使孩子认识到即使不为了取胜，只是慢慢做好自己的事情也能有所收获。

☆ 妈妈的治愈对话

游戏开始前

● "你想赢了游戏呀。"

● "好好读一下游戏说明，看看怎样才能获胜。"

● "读完以后要想一想什么情况下能得分。"

第一轮游戏后

● "算完第一轮游戏的分数以后，堵住别人路的孩子的分数明显低一些。"

● "为什么你的分数更低？"

● "要想得高分的话，该怎样做才好呢？"

进行完这样的对话后，孩子会明白认真完成各自的任务就能得到高分，也会明白不妨碍别人、越是合作越能对自己有利。这便是明白了双赢（win-win）这种办法。

☆ 游戏玩法和规则

1.各自确定自己的标志（例：　　等）。

2.确定先后顺序，依次画一个标志（用走五子棋的方法）。

3.算分的方法

一人的标志连起来4个得1分，连5个得2分，连6个得3分，连7个得4分，7个以上也是4分，分数多的人获胜。

| 标志 | 姓名 | 分数 | 合计 |
|---|---|---|---|
|  |  |  |  |
|  |  |  |  |
|  |  |  |  |

## 第三周：读书治疗

这是为被诊断为 ADHD 的孩子和需要药物治疗的孩子准备的治疗方法。

众所周知，在 2008 年北京奥运会上最先获得奥运八连冠的游泳选手菲尔普斯小时候得过"注意力缺陷多动障碍"。他的妈妈被叫到学校，听到了老师"这个孩子绝不可能集中于一件事"的评价。为了治疗和克服这一病症，菲尔普斯开始了游泳。妈妈和姐姐看到他怕水，不断帮他树立自信心；菲尔普斯害怕把脸浸在水里，于是就让他先学习仰泳而不是自由泳。当发现他有游泳的天分后，积极支持他成为一名游泳选手。做成大事的人身后一定有明智的人无条件支持他，帮助他克服困难、发展潜力，帮助他成长。我们也可以模仿这个实例。

《多动的乌龟雪莉》的作者 Deborah M. Morse 给 6 岁时患上"多动障碍"的儿子寻找适合阅读的书籍时，决定自己开始创作。

主人公雪莉在吃饭时间乱扔食物，像个陀螺一样转动身子，在校车上不肯老实坐着，常被司机批评。每天早上都和妈妈约定"我会老老实实地待着的"，但总是不知不觉地说胡话、蹦来跳去、弄坏东西。"我不知道是为什么，也不是故意要那样……总是在闯祸后意识到自己错了。"雪莉为自己的行为感到难过。这么横冲直撞的小乌龟雪莉的形象画得鲜艳又可爱，非常讨人喜欢。这也是要说明孩子内心也这样明朗可爱。

## ☆妈妈的治愈对话

- "雪莉需要什么样的帮助？"
- "雪莉孤独难过的时候，怎样安慰它才好呢？"
- "看到雪莉，你有什么感受？"
- "如果别人也能知道雪莉是很棒的孩子该有多好。"
- "如果想和朋友们幸福地相处，雪莉该怎么做？"
- "有没有想对雪莉说的话？"
- "你身边有没有雪莉这样的朋友？"
- "有没有感觉雪莉和你有点像？"
- "你感觉雪莉和自己哪些地方不一样？"

## 第四周：培养行为抑制力

用红色铅笔写"红"，黄色铅笔写"黄"，蓝色铅笔写"蓝"，绿色铅笔写"绿"，然后读出字的颜色。第一行一点也不难。第二行用绿色铅笔写"黄"，红色铅笔写"蓝"，黄色铅笔写"绿"，蓝色铅笔写"红"，还可以随意换着写。如此写下多行，按顺序读出来。

| 红（红色字迹） | 绿（绿色字迹） | 黄（黄色字迹） | 蓝（蓝色字迹） |
|---|---|---|---|
| 黄（绿色字迹） | 蓝（红色字迹） | 绿（黄色字迹） | 红（蓝色字迹） |
| 蓝（黄色字迹） | 黄（蓝色字迹） | 红（绿色字迹） | 绿（红色字迹） |
| 绿（蓝色字迹） | 红（黄色字迹） | 蓝（红色字迹） | 黄（绿色字迹） |

孩子只读字的时候可以做得很好，但是如果要读字的颜色，不集中注意力

的话就会出错。孩子最开始会出错，不能好好读出来，但是重复几次就能变得流畅了。

☆妈妈的治愈对话

　　第一，先试着读出 4 行字。

　　第二，强调这一次是要读出各个单词的颜色。第一行会读得很好，但是第二行开始速度会慢下来，或者出现口吃。都读完之后询问孩子是不是不知道颜色，询问在知道颜色的情况下不容易读出来的原因是什么。

　　第三，再读一遍颜色。速度或许比第一次要快。强调给孩子：第一次做事出错是正常的，只要重复，任何实力都会提高。再读一遍。

　　第四，读出颜色。明显感受到速度和准确性增加，询问孩子的感受和想法。

　　下表是交换读出数字和文字的游戏。集中精力换着读的话可以培养冲动行为的调节能力。

| 月　　日 | 错误次数： | 使用时间 :/30 |
|---|---|---|
|  |  |  |

☆游戏玩法示例

　　1.查看下面的数字卡片，当看到数字"1"请说"2"，看到数字"2"时请说"1"。（限制时间为 15 秒）

| 1 | 2 | 1 | 1 |
|---|---|---|---|
| 2 | 2 | 2 | 1 |
| 1 | 2 | 1 | 1 |
| 2 | 2 | 1 | 2 |
| 1 | 1 | 2 | 1 |
| 2 | 1 | 1 | 2 |
| 1 | 2 | 2 | 1 |

| 月　日 | 错误次数： | 使用时间 :/30 |
|---|---|---|

2.查看下面的字母卡片，看到"A"时请说"B"，看到"B"时请说"A"。(限制时间为 15 秒)

A　B　A　A

B　B　B　A

A　B　A　A

B　B　A　B

A　A　B　A

B　A　A　B

A　B　B　A

通过以上两个活动，想必大家已经发现了做这种游戏的秘诀。各位妈妈可以非常轻松方便地制作并有效利用类似的卡片。

## 第五周：速度游戏——用身体表达

本游戏的规则是：游戏一方用身体表达某一个词语，另一方来猜测这个词语是什么。例：

| 大象 | 海豹 | 波涛 | 炒年糕 | 学校 | 老师 | 朋友 | 旅行 |
|---|---|---|---|---|---|---|---|

本游戏的规则可以设定为：做这个游戏时，妈妈与孩子当中让对方猜中更多词语的人获胜。这意味着只有通过良好的肢体语言表达出词语的意思，才能够让对方猜中。所以即便是一个简单的词语，也必须考虑最为合适的肢体动作。为了让对方猜中，游戏双方自然就会站在对方的立场上思考，这个游戏正是练

习了这一点。

　　为了获胜，可能有的孩子虽然猜出了妈妈所做动作对应的词语，却不愿意说出来。如果发现这种情况，就应该停止游戏，并与孩子对此进行沟通。

### ☆妈妈的治愈对话

当孩子很遵守游戏规则时

- "你很好地用身体表达出了这个动物。"
- "你怎么把这个东西的特点表现得那么好？"
- "你猜得真准。"
- "你好像很擅长推理。"

当孩子违反规则时

- "如果你这样做，妈妈就不想再玩了。"
- "本来想陪你玩得有意思一点，但是没玩成，妈妈真伤心。"

## 第六周：Think Aloud "大声地思考"

　　所谓"大声地思考"，就是指孩子"转播"自己正在进行的活动，也就是说用语言表达出自己所进行的活动。游戏规则是，孩子就像广播中的主持人一样，将自己心中浮现的想法与感觉说出来。如果孩子觉得很难将自己的想法用语言表达出来，妈妈可以先进行示范。

- "妈妈现在要拼灰姑娘的拼图。"
- "灰姑娘的裙子是蓝色的，所以先找到蓝色就会很快把裙子拼起来了。"
- "咦，灰姑娘的上衣是白色的，但袖子边上的白色不知道是哪一块儿。"
- "但是只要一块一块慢慢找，肯定能找得到的。"
- "嗯，果然一块一块慢慢找到然后拼起来就能拼好。"
- "妈妈觉得这样的自己是最棒的。"

与孩子进行对话，让孩子练习表达自己的想法。

妈妈：你现在在做什么呢？

孩子：我正在拼拼图啊。

妈妈：你打算用拼图来做什么呢？仔细说来听听。

孩子：我打算用拼图把这幅画拼起来。但是这个拼图片数太少了，觉得有些无聊。

妈妈：那么你想换一个块数多的拼图吗？

孩子：是的，我想拼一个 40 块的恐龙拼图。

妈妈：你非常准确地用语言表达出了自己的想法，很棒。那么我们现在来做恐龙拼图，好吗？

孩子：我想先找到霸王龙，然后把它拼起来。

妈妈：为什么想先拼霸王龙呢？

孩子：因为我最喜欢霸王龙啊，并且霸王龙拼起来也简单。因为它的皮肤感觉和其他的不太一样。

试着这样大声地用语言表达出自己的想法吧。多做几次之后，大声说话就会慢慢地变成低声絮语，再后来就会变成嘴上不说话内心却在思考的内在语言。妈妈给孩子示范的、正确的"大声地思考"的样子，会在孩子的心中原封不动地重现。

Think Aloud "大声地思考"是有效改变认知行为的自我控制的训练方法。把握问题、制订计划并实践计划、评价、正确面对失败，这些事情都由孩子自己完成，从而提高了孩子解决问题的能力。妈妈在示范时，注意要换成孩子容易模仿的语言，并且要经常说给孩子听，孩子在出现问题时更容易实践"大声地思考"。

| Think Aloud "大声地思考" 的语言 |
| --- |
| 我现在应该做什么呢？ |
| 我该怎么解决这些问题呢？ |
| 我现在已经在下决心去做事情了吗？ |
| 我对结果满意吗？ |
| 下面应该怎么做呢？ |

## 第七周：认知治疗——检查自动思考

所谓的"自动思考"，是指在某种情况下脑海中自动浮现的想法。当你与朋友对视时你会产生什么样的想法呢？"我的脸很奇怪吗？""他有话要说吗？""他干吗盯着我看？真烦。""他在嘲笑我吗？"等。这些想法中，你的大脑会浮现哪一种呢？不管怎样可以肯定的是，你的脑海中肯定会自动浮现某种想法，而且这种想法无关你的意志。自动思考，顾名思义，就是指这种想法是自动浮现的，它非常迅速地出现又非常迅速地消失，甚至连我们自己也难以察觉这些想法的发生。自动思考对我们的感情与行为具有决定性的影响，错误的自动思考会引发各种矛盾与问题。

我们需要练习准确地找出自己难以察觉的"一闪而过的想法"，并进行实际评价的能力。在找出自己的自动思考后，通过系统、有效的方法将其改正为现实的、合理的想法。

比如当心爱之人离开人世的时候，有的人就会想，虽然他离开了，但他会希望我健康地、幸福地生活下去，有这种想法的人会在经历悲伤后慢慢地恢复过来。相反，有的人则会想："他现在已经离开了，我再也没有活下去的理由了。没有任何希望，我自己一个人活着有什么用？"这样想的人只会越来越抑郁，很难恢复健康的心理。此时，检查这个人消极的自动思考，变错误的想法为合适的想法，就是认知治疗的方式。

这个过程是通过从内心深处改变左右感情与行为的自动思考的过程。

那么来问问我们的孩子在面临以下的状况时会有什么样的想法吧。假如孩子只有一种想法，就想办法让他提出更多可能的想法。

早上妈妈给的1000韩元在教室里不见了，这1000韩元会去哪里了呢？

有的孩子就会不由自主地想"我把钱丢到哪里去了？是不是忘在家里了？"而有的孩子则会不由自主地想"谁偷了我的钱？"这就是在某些情况下，人们下意识里自动浮现的想法，而且人们还会根据这些想法做出相应的行动。无意识中怀疑某些人的自动思考，会让孩子用怀疑的眼光看待朋友。

在同样的情况下，各种不同角度的思考经验会帮助孩子摆脱这种消极的自动思考。我们用下面的状况来引导孩子进行多样思考。

一个看起来上一年级的男孩子正闷闷不乐地坐在某公寓的门前。为什么这个孩子会这样呢？

- 因为他受到批评，被赶出来了。
- 因为他没有钥匙，或是忘记了密码，进不去了。
- 他讨厌回到家里，因为家里没人。
- 他考试成绩太差了，害怕家里人批评他，所以不敢进去。
- 他来朋友家了，正在等朋友。
- 他把钱弄丢了，害怕家里人批评他，所以不敢进去。
- 他有一些烦恼，但是害怕回家以后妈妈老是质问他，所以他不想回家。
- 他在进行爬台阶的运动，累了，所以休息一下。
- 因为电梯出故障了，他爬了一会儿楼梯，需要休息一下。
- 因为肚子疼，所以蜷缩一会儿。

如果孩子能够想到一两种原因，就鼓励他，帮助他继续想出更多的可能。我们还可以对下面的这些状况进行持续的思考练习，这必定会对孩子有很大的帮助。

- 朋友"喂"地喊了我一声。

- 我本来考试一直得 90 分的，但这次忽然得了 80 分。
- 老师忽然用严肃的表情叫住了我。
- 3 个同学围在一起小声地议论。
- 妈妈忽然只叫了哥哥（弟弟）进了房间。

## 第八周：就像希望的事情实现了一样

　　这是一种角色扮演的游戏，让孩子想象自己期待的事情真的发生了，并据此展开行动。假如孩子有一天忽然说"要是我也能……的话"，或者说"要是我也能像……一样的话就好了"，这时就可以立刻进行这一活动了。希望成为医生的孩子，真的像医生那样行动；希望成为侦探的孩子，则真的像侦探那样行动。

　　如果孩子要扮演医生，那么孩子必须首先要注意饮食，还要注意卫生与清洁，如果有人受伤或是生病了，必须全力照顾。如此，让孩子像真的实现了这种愿望一样扮演某种角色。

　　如果孩子想成为侦探，就雇用他为自己家的侦探，也可以每解决一个事件就给他一点小小的报酬。这样的话孩子就会很开心，并且会像真的侦探一样观察、推理、研究、分析。

　　孩子们期待的事情是多种多样的。他们可能会希望自己家庭和睦，希望爸爸不乱吼乱叫，希望妈妈只关心自己一个人，希望和朋友们亲密相处。举例来说，假如孩子和朋友们亲密相处的愿望实现了，孩子会怎么行动呢？他应该会大大方方地和好朋友联系，也会经常说"我们一起玩吧"。

　　出乎意料的是，孩子们非常喜欢别的孩子说"我们一起玩吧"，大家都喜欢被别人邀请，主动提出一起玩的孩子并不多见。不过，如果孩子感觉相互已经很熟悉、很亲密了，这句话就会容易得多。所以，好像彼此已经是亲密的朋友一样行动，这一方法，可以有效地打通交友这一困难的关卡。

　　鼓励孩子在一周的时间里这样行动吧：好像真的成了自己期待的人一样，

好像真的发生了自己期待的情况一样。例：

- 如果爸爸变得非常亲切的话……
- 如果妈妈只关心我一个人的话……
- 如果朋友们都喜欢我的话……
- 如果我在班里成为最受欢迎的孩子的话……
- 如果我学习很好的话，在上课的时候会是什么样子呢？

"就像……一样"，在经常做这个游戏之后妈妈就会发现，孩子在不知不觉中行为变得和以前不同了，妈妈只要对这种行为再进行表扬与鼓励就可以了。

## 第九周：事先制订计划

帮助孩子制订"我的行为目录表"吧，这不同于每日的计划表。例如，当孩子要和朋友们踢足球时，可以提前制订踢足球时自己的行动计划。

在制订计划时，要注意不能随便、盲目地制订，而是要写出具体状况下做出哪些具体的行动，这是非常重要的。"在传球时应该怎么做"，"在自己的球队比分落后时应该怎么做"，"球不来我这边时应该怎么办"等等，通过这种方式制订出具体的状况下具体的行动计划。冲动的孩子不会计划自己的行动，只会根据那一瞬间的感情行动，因此会不断产生矛盾。所以，提前预测好可能会发生的状况，并制订出针对这些状况的行动计划，孩子就会根据自己心中的行动计划做出更为正确的行动。

在这些活动结束后，要让孩子对自己的行动计划进行评价。哪些地方完成得很好，哪些地方没有完成。假如没有完成，那么没完成计划的原因是什么，然后制订好下次再进行这一活动的计划。

曾经在心里制订过行动计划的孩子，在进行某一活动时就会不自觉地受到自己计划的影响。而在制订计划时，大家都会制订正确的行动。例：

### 制订足球计划

| 承担任务 | 我讨厌当守门员，但是如果轮到我，我会承担这一任务，而不会做出厌恶的表情。 |
|---|---|
| 传球时 | 我想把球传给踢得好的朋友，但是如果其他人指责我不传球给他们的话，3 次当中有一次我会传给他们。 |
| 防守时 | 我得注意自己当球过来的时候老是想伸手的习惯。 |
| 裁判的指示 | 裁判如果看错了，我会过去跟他好好说清楚，不发脾气。 |
| 要输的时候 | 朋友们有可能会放弃比赛而不认真踢球，所以我要大声呼喊：还有争取胜利的时间，大家不要放弃，要努力地踢球。 |

## 第十周：让别人愉悦——逗笑朋友

冲动的孩子会渐渐地远离朋友们的视线，这时我们可以尝试"逗笑朋友"的方法。

想要逗笑朋友，需要有很多的想法，也需要制定战略，还需要调节好自己的状态才能够触发笑点。但是一旦成功地把朋友逗笑，朋友的笑容会给孩子巨大的力量。笑容具有一种打开心灵之门，使人们尝试做正确事情的神奇魔力。

在准备搞笑素材的时候，最好先制定战略，决定何时何地展示给朋友们看。我认为，孩子应该将表演首先展示给一个最亲密的朋友，然后在休息时间展示给坐在自己周围的同学，以这种方式慢慢开展比较好，因为让孩子突然站在全班同学面前表演是很困难的。

大家可以在网上搜索"刘在石摇摆舞"，就会找到相关视频。在一个表演秀节目上，刘在石幼时好友带着自己的儿子出演，好友的儿子看起来像是初中生，他的梦想是成为像刘在石一样的喜剧演员。他说自己经常跳摇摆舞，还和刘在石一起跳起了摇摆舞。

跳完摇摆舞，刘在石说："你真是调皮，我小的时候也这样。"然后刘在石还向他传授了搞笑的秘诀。"不要说得太快，要给观众充分笑起来的时间。胳膊不要向上挥动，向下挥动的话，观众们的响应会更热烈。"

这不是简单的搞笑，而是制定了战略、研究了观众们笑点的结果。我们可以一边看视频一边模仿刘在石，或者开发自己的舞蹈或角色，或者模仿综艺节目《Gag Concert》的一部分。假如孩子属于很难通过肢体语言逗笑的那一类，那么也可以采取猜谜语、从网络上搜索搞笑逗趣的段子讲给同学听的方式。

有冲动的、过剩行为的孩子在朋友关系中会引起很多的问题，"一起大笑"拥有轻易解决很多问题的力量。希望大家能亲身体验逗笑朋友的效果。

# 从人际困难到拥有杰出社会性

**妈妈的苦恼：我的女儿现在上二年级，但朋友关系很差。**

每次和小朋友们玩一会儿，朋友就会因为她脾气太固执而争吵起来，我感觉其他的小朋友好像在故意回避我女儿。有时候我给她同学的妈妈打电话，邀请她的同学到家里玩儿，她们好像也在有意拒绝，我觉得我女儿好像渐渐成了大家回避的对象。不知道是否因为这个原因，孩子经常说讨厌去学校，一到早上就经常说肚子疼或是头疼。她还经常会因为小事而发脾气，说她一句她就会哭。怎么做才能让我家孩子更好地适应社会呢？

## 对于正在成长的孩子来说什么是朋友关系？

不知不觉间，那个喜欢在妈妈的怀抱里玩耍的孩子开始更喜欢和朋友们在一起玩儿了。他们开始变得对朋友所说的话、所做的事情非常敏感，"我朋友说"成为他们的口头禅，他们也开始为朋友的一句话而感到开心或悲伤。他们喜欢跟风，自己本来喜欢的东西会因为朋友的一句"讨厌"也变得讨厌起来。这时，就算妈妈再怎么说"没关系"，他们也不会接受了。最终，朋友在孩子一生中开始占据重要的位置。

145

他们会区别喜欢的朋友与讨厌的朋友，非常在意朋友对自己说的话、对自己做的事情，发型与衣着也开始受到朋友更多的影响。他们还会因为与朋友一起的生活而高兴或悲伤。

"妈妈，朋友对我说我很漂亮。""妈妈，朋友说我的衣服很奇怪。"妈妈说十句话比不过朋友说一句话，对于小孩子来说朋友就是这样的存在。虽然孩子最初的生活是依赖父母，但接下来朋友的存在就会占据孩子的生活。

所以，交一个好朋友会让生活变得更为丰富多彩，更为幸福。既然朋友的存在感是如此的强烈，那么处理不好朋友关系的孩子该有多么的辛苦！这就是要培养孩子和朋友们融洽相处的重要原因。因为社会性在孩子3岁前后开始发展，所以要在孩子们刚对朋友产生好奇的时候，就让他们经历与朋友一起愉快玩耍的经验。

## 如何培养社会性？

孩子的社会性始于何处呢？当然是始于和爸爸妈妈的互动。需要注意的是，父母不要妄图把孩子培养成自己所期待的那样，而应该在孩子本身的性格与气质基础上发展孩子的社会性。也就是说，即使父母再外向，给了孩子心理上的安全感，也很好地养育了孩子，但这并不意味着内向的孩子就会变得外向。

所谓内向的孩子，是指在自己性格特点的基础上接受父母的良好影响，在必要的时候会摒弃心中的恐惧、发挥外向性的孩子。所以我希望家长们不要无视孩子们的特点，停止"一定要把孩子培养成有很多朋友，敢在别人面前表现的孩子"的想法。在"发挥孩子的特点"的基础上开始才是父母正确的心态。

无论孩子的性格是内向还是外向，积极还是消极，最重要的是孩子能够和朋友进行沟通。努力把孩子培养成这样的人吧：能用正确的语言表达自己内心的想法，懂得理解朋友的想法，并和朋友进行沟通的孩子；在必要的时候懂得请求朋友帮助，也知道帮助朋友的孩子；能够和朋友愉快玩耍的孩子；有伤心事时能够用成熟的方法表达自己想法的孩子；懂得提出自己意见的孩子；能够遵守规则、懂得制定新规则的孩子。要把孩子培养成这种具有良好社会性的人，需要从妈妈与孩子的关系入手。

## 训练社会性所需要的心理工具

在专门治疗儿童心理的机构里，经常会进行一种"社会性训练活动"，对孩子进行社会性技术训练。社会性训练活动可以教给孩子各种各样的社会技术，使孩子在自己所属的集团或社会中形成并维持与其他成员的社会关系，以实现更为积极的互动。在这个活动中，训练孩子们的社会性所使用的心理工具毫无特别之处，从孩子婴儿期开始玩耍的皮球，到孩子们经常玩的如拼图、桌上游戏等所有玩具都是训练孩子社会性的良好工具。当然，妈妈的治疗性对话比这些玩具更为重要。

首先我们来模仿心理治疗师与孩子一起玩皮球时进行的对话。如果妈妈在治疗过程中不停地对孩子进行充满爱意的唠叨，或是不停地训斥孩子，那么对话就必须停止。我们应该用不同的方法与孩子对话，这样会给孩子新鲜的感觉。一开始，孩子可能会因为对话与平时完全不同而做出懵懂的表情，但孩子很快就会对妈妈的对话感到兴奋，他们也会努力想要表现得更好，努力地体验更多。希望各位妈妈考虑到一次（40 ~ 50分钟）5万 ~ 10万韩元的心理治疗费用，用"赚钱"的心态暂时压抑住心中喷涌而出的唠叨。

大家大可放心，妈妈们绝对不会因为唠叨被压抑而憋出病来。因为治疗的互动能让你看到孩子的新态度。孩子不发脾气、不磨磨蹭蹭，为做出更好、更美丽、更帅气的行为而努力的样子会让妈妈担忧的心情放松下来。

##  培养社会性的心灵成长 10 周计划

| 周 别 | 活 动 |
|---|---|
| 第一周 | 皮球游戏或珠子游戏 |
| 第二周 | 拼图游戏 |
| 第三周 | 通过传统游戏练习规则和互动 |
| 第四周 | 桌游治疗——尤茨游戏、自制骰子游戏 |
| 第五周 | 桌游治疗——Halli Galli |
| 第六周 | 桌游治疗——Dixit |
| 第七周 | 读书治疗——沟通的方法 |
| 第八周 | 读书治疗——和朋友搭讪 |
| 第九周 | 读书治疗——理解朋友，站在朋友的立场上思考 |
| 第十周 | 各种状况下的角色游戏 |

### 第一周：皮球游戏或珠子游戏

有的孩子在室内玩掷球游戏时会用很快的速度用力地抛球，让游戏的另一方惊慌失措。这种孩子缺乏社会性技术，他们只顾自己高兴地抛球，而没有体会到其他朋友的厌恶。

能和小朋友们玩得很好的孩子，会根据场所调节抛球的力量和程度，也懂得根据游戏对象调节速度与高度。也就是说这种孩子能够判断互动的程度，懂得要想愉快地游戏就必须用多大的力气、多快的速度、多高的高度等。

朋友关系不好的孩子，就是在玩单纯的掷球游戏时，也经常会出现抛球程度不合适的情况。他们有时会忽然用力地抛球，有时不顾室内环境，像是在室外一样用脚踢球。当然孩子的本意是想玩得更有意思，但这种行为却容易给其他人造成困扰，最终会在社会关系上产生一些问题。

在接球、抛球的过程中可以培养孩子的调节能力，不过妈妈不要用教育、说明的口气来告诉孩子，而应该在愉快的游戏过程中教给孩子。妈妈恰当的语言会让掷球游戏更为有趣，也能得到治疗的效果。

☆ 妈妈的治愈对话

当孩子抛球抛得很合适时

● "抛球过来的时候要注意让妈妈能接得住。你的球抛得真好。"

● "跟你一起玩掷球游戏真是太有意思了。"

● "你很懂得用适合室内环境的速度抛球啊。"

当孩子抛球时用力太大或随便扔球时

● "你抛球时用的力气太大了，吓了我一跳，我害怕会砸到我。"

● "球没有朝着我的方向抛过来，我觉得没意思，我想玩得有意思些。"

● "你这样随便扔球妈妈就得老是去捡球，很累。"

● "我不想和你一起玩抛球游戏了。"

## 第二周：拼图游戏

前来咨询的孩子中，很多孩子都说没有玩拼图游戏的经历。一开始我觉得很奇怪，后来我发现这些孩子缺乏共鸣能力、不熟悉基本的互动、不能够很好地判断状况、不能摆脱以自我为中心的思考方式，我才认识到这种现象绝对不是单纯的偶然。

这些孩子缺乏通过游戏获得的基本技能。尤其拼图游戏是幼儿期的孩子们经常做的游戏之一，却被很多人忽略了。我想大概因为人们越来越强调学习的重要性，而父母倾向于认为只有做练习题才是学习。

拼图游戏绝不是幼稚或搞笑的游戏。每天做一次拼图游戏的同时与孩子聊天，比让孩子做一本练习题的帮助更大。

在做拼图游戏时，需要思考图片与图片之间的关系，把握图片与周围的连贯性。将一块一块的拼图拼上，然后在调整拼图的过程中，可以锻炼孩子小肌肉的调节与协调能力。拼图游戏最重要的在于和社会感觉有关的部分。在整体的大框架下，哪一块拼图应该放到哪里去，这种把握能力非常重要。缺乏社会性的孩子会缺乏对自己在整体中所扮演的角色的感觉，虽然大家可能觉得拼图只是一种简单的游戏，但它却可以培养孩子在社会关系中的基本感觉。

假如有的孩子朋友关系相处得不好，却特别擅长拼图游戏，那么我们就需要充分地表扬他，然后让他进行其他的练习。但妈妈们也要注意，不能因为多做拼图游戏有益就集中地让孩子做拼图，或勉强孩子拼 500 片甚至 1000 片的拼图，重要的是让孩子在拼图的过程中感到满足。

### ☆妈妈的治愈对话

当孩子集中精力拼拼图时

- "看来你很喜欢拼图啊。"
- "你很好地找到了玩拼图的技巧。"
- "你很好地把握了图片的关系。"
- "看来你很有韧性，即便花再多时间也要拼到底。"

当孩子好像很辛苦时

- "看来结果和你想象的不一样，所以很烦闷吧。"
- "如果需要帮助就告诉我。"
- "看来你喜欢自己研究，真像一个科学家。"
- "你不怕困难，不放弃的样子真的很帅气。"

### 第三周：通过传统游戏练习规则和互动

很多孩子从很小的时候就开始和妈妈玩拍手游戏："你拍一，我拍一，一个小孩坐飞机……"从小就和妈妈练习互动的孩子容易和朋友们形成关系。妈妈们，开始和孩子一起玩拍手游戏吧。

玩拍手游戏需要知道拍手歌的歌词，记忆拍手的顺序，一起确定拍手时向上或向下的顺序，调节拍手的速度，相互配合，这样的活动对孩子有很大的帮助。孩子和妈妈的游戏会很快发展为和朋友们的游戏，一般和朋友们玩得很好的小女孩都知道这个游戏。如果孩子不知道这个游戏，那么手把手教给孩子，这对提高孩子的社会性也是大有裨益的。手的动作可以通过网络检索到相应的视频。

在进行拍手游戏时所唱的拍手歌有很多个版本，主要有：

| | |
|---|---|
| 你拍一，我拍一，一个小孩坐飞机 | 你拍一，我拍一，一只小猫穿花衣 |
| 你拍二，我拍二，两个小孩丢手绢 | 你拍二，我拍二，两只小猫肚子饿 |
| 你拍三，我拍三，三个小孩来搬砖 | 你拍三，我拍三，三只小猫去爬山 |
| 你拍四，我拍四，四个小孩写大字 | 你拍四，我拍四，四只小猫看电视 |
| 你拍五，我拍五，五个小孩敲锣鼓 | 你拍五，我拍五，五只小猫捉老鼠 |
| 你拍六，我拍六，六个小孩捡豆豆 | 你拍六，我拍六，六只小猫出街遛 |
| 你拍七，我拍七，七个小孩穿新衣 | 你拍七，我拍七，七只小猫开飞机 |
| 你拍八，我拍八，八个小孩吃西瓜 | 你拍八，我拍八，八只小猫吹喇叭 |
| 你拍九，我拍九，九个小孩齐步走 | 你拍九，我拍九，九只小猫喝杯酒 |
| 你拍十，我拍十，十个小孩在学习 | 你拍十，我拍十，十只小猫站得直 |

## 第四周：桌游治疗——尤茨游戏、自制骰子游戏

和同龄人一起玩健康的桌上游戏不仅可以让孩子在有限的空间里学习到规则，还可以培养孩子的自我调节能力、控制力、解决问题的能力、集中力、记忆力、创新能力等。社会性技术提高活动就充分利用了桌上游戏，它可以让孩子们有情绪上的安全感，也可以帮助孩子们提高自尊心。

所有的专家都在强调桌上游戏的良好效果，桌上游戏的确会对孩子有所帮

助，但它却经常在小朋友的家里遭到冷遇。一般来说，除了其他孩子来家里玩的情况以外，小孩子基本没有玩桌上游戏的时间。从现在开始做好心理准备，争取每天抽出时间做一次桌上游戏吧。

我们既可以做尤茨游戏，也可以做前文我们提到过的"蛇骰子"游戏，如果妈妈和孩子能动手自制蛇骰子的话就更好了。首先在桌子上铺上画纸，画好格子、扶梯，然后再画上一条滑滑的蛇。如果觉得画画有困难，也可以用非常简单的箭头来表示。

无论骰子还是石头剪子布，按照概率来讲，桌上游戏胜负率各占 50%，妈妈应该帮助那些控制能力不足、冲动的孩子调节自己的情绪。虽然蛇骰子游戏只是一个单纯通过掷骰子来移动棋子的游戏，我们却可以通过这个游戏观察孩子的行为。孩子有没有用适当的力气掷骰子；如果游戏是在桌子上进行的，那么孩子有没有把骰子掷到地上；孩子在移动自己的棋子时，有没有乱动别人的棋子……如果妈妈发现孩子有类似行为，就可以制定相应的规则。

例如，妈妈可以这样说："从现在起，谁把骰子掷到桌子下面，或掉到规定的空间以外，谁就要停走一次。"

## ☆ 妈妈的治愈对话

对孩子有益的话

- "你很好地遵守了规则。"
- "你的顺序记得很对啊。"
- "你今天运气不错嘛。"
- "看到你这么开心妈妈也很开心。"
- "跟你做游戏真是太有意思了。"

不要试图教育孩子，要自然地像自言自语一样说出来

- "虽然我看起来就要输了，但我也一定要坚持到最后。"
- "如果因为要输了就放弃的话，才真是小心眼儿的人呢。"

- "总感觉尤茨游戏和人们的生活很像啊。"
- "有时候会很顺利，有时候虽然一直不顺但又突然好起来。"
- "果然坚持到最后是非常重要的。"

## 第五周：桌游治疗——Halli Galli

喜欢争强好胜的孩子，他们的优点是一般都能很好地集中注意力，但同时，如果感觉自己要输了，他们就会很难控制自己的情绪，可能会撒泼耍赖或有攻击性的表现。他们还会临时制定有利于自己的规则，甚至哭闹。明明自己已经犯规，而对方如果也犯规的话，他们就会有过激的攻击性反应。这种情况下，妈妈要做的就是发挥他们善于集中注意力的优点，帮助他们好好地控制自己的情绪。Halli Galli 是一个会根据孩子注意力集中的程度轻易改变结果的游戏。

当孩子过于执着于胜负，妈妈也有必要告诉孩子行为的界限。妈妈必须用温柔而断然的口气告诉孩子："好好遵守规则。""如果你违反规则，我就不想再玩游戏了。"孩子需要从很小的时候就学习到这个世界不是独自生活的地方，时间与空间是为所有人准备的，有些行为是不可以做的。

Halli Galli 这一游戏的规则是，当游戏一方看到相同的 5 个水果时就按响铃铛，然后收回桌面上所有的牌，拥有牌数最多的人胜利。如果孩子还不会数数，那么可以玩"Halli Galli RingLding"游戏，因为不懂数字的人也可以参加这个游戏。该游戏的规则是：把放在地上的各种颜色的圆圈套在手指上，然后摆成与纸牌上的图片相同的样子。这是一个考验爆发力的游戏，最先完成的人就按响铃铛，然后将问题牌拿走，集齐 5 张的人胜利。

孩子们通过桌上游戏经历着小小的世界。无论孩子多想赢、多想做好，妈妈也必须告诉他们，有一些行为是绝对不可以做的，这是非常重要的。当然，当孩子表现出控制冲动情绪的努力时，要充分地支持并鼓励孩子，这是同样重要的。

**☆妈妈的治愈对话**

当孩子喜欢并享受这一游戏时，家长需要一边进行游戏一边充分地表扬孩子。当孩子不能集中于游戏或速度太慢做得不好时，需要给予孩子充分的鼓励，并找出他们做得好的地方给予表扬。妈妈还可以拿掉一种水果来帮助他们更好地集中注意力，或者通过调节铃铛的位置、用左手做等方法来调节难易度，使孩子不放弃游戏。

当孩子集中注意力并做得很好时

- "你的注意力很集中啊。"
- "你看到图片以后很快就能把握数字了呀。"
- "你的爆发力很好。"

游戏不顺利时

- "你的草莓图案好像拼得很好。"
- "你太心急了，所以乱按铃铛啊。"
- "虽然你有犯规的想法，但很好地忍住了。"
- "虽然你要输了，但是没有犯规。真的很厉害！"

## 第六周：桌游治疗——Dixit

我们来做一个互猜想法的桌面游戏吧。

"Dixit"在德语里的意思是"猜猜我的想法"。对于这个游戏的规则，一言以蔽之就是表达自己的想法，并猜测对方的想法，以达到相互理解、了解的目的。

玩家A在放下手中一张卡片的同时，说出卡片的提示语或自己对卡片的理解，而其他玩家则把内容相近的牌放下，最后看其他玩家的牌是否和玩家A的一致。这个游戏既培养了玩家A的表现能力，也培养了其他玩家与玩家A产生共鸣，并理解对方想法的能力。84 张牌上所画的图案全都不同，每个人对其的解释也都不同，所以这个游戏可以丰富人的想象力。

另外，孩子想表达的感觉与成人的视角经常是不同的。大家可以通过游戏沟通心灵、共享情绪，度过有意义的时间。当然，要是能叫上孩子的朋友一起玩这个游戏的话效果会更好。虽然一开始孩子们对提出问题、猜测问题都会感到很陌生，但他们会非常迅速地理解游戏，感受到游戏的快乐。

### ☆妈妈的治愈对话

- "原来你看到这个图片会有那样的感觉。"
- "你怎么表达得那么有意思啊！"
- "你很擅长表达！"
- "跟你一起做游戏真好。"
- "你真理解妈妈的想法。"
- "妈妈能了解你的想法真是太好了。"

## 第七周：读书治疗——沟通的方法

读一下《不要哭，说话》《不要说"讨厌、不知道"，告诉我为什么》这两本书吧。有的孩子总是说"讨厌、不知道"，或是总是通过发脾气、哭泣来表达自己的想法，对于这样的孩子我们应该告诉他正确的说话方法。在婴幼儿期，孩子们不知道合适的沟通方法，所以他们只能通过哭泣来表达自己的想法，后来他们慢慢地学会用"讨厌、不知道"来表达自己的想法，再后来等他们慢慢长大就会学习到表达自己的其他方式。但是有一些孩子没有学习到正确表达的方法，甚至上了小学还经常说"讨厌、不知道"。

书中的主人公小猴宝宝对于爸爸妈妈的问题总是回答说"讨厌，不知道"。在爸爸妈妈努力为小猴宝宝解除魔咒的过程中，小猴宝宝意识到了自己的语言习惯让对方多么的郁闷、生气，于是开始改正自己的语言习惯。孩子在读书的过程中自然会意识到错误的语言习惯，这有助于培养孩子掌握恰当的表达方法。

☆ 妈妈的治愈对话

- "你这样说话妈妈很不高兴，能跟我说说具体的原因吗？"
- "你先平静下来，慢慢地告诉妈妈，好吗？"
- "妈妈会认真听你说你的想法。全部告诉妈妈吧，不要有负担。"
- "你能把你的想法全部告诉妈妈真的太好了，谢谢你。"
- "说实话，妈妈的心情也变得轻松了呢。"

## 第八周：读书治疗——和朋友搭讪

"喂，××，一起玩吧。"

"朋友，一起 ×× 吧。"

在我和妈妈们小的时候，都曾经在朋友家门前这样大声地呼唤，然后就会看见几个小朋友打开窗户或大门，回应这种呼唤。

"想做 ×× 游戏的人到这里来。"

我会一边唱着这首歌，一边竖起自己的大拇指，然后就会有人过来抓住我的大拇指，并在上面竖起自己的大拇指，然后一起反复唱这首歌。聚齐三四个人以后，就可以开始做游戏了。如果没有人过来抓我的大拇指的话，我立刻就会明白："原来小朋友们现在不想做这个游戏。"那么我就会提议做其他的游戏，或是加入提议做其他游戏的小朋友中。这是以前和朋友们搭讪的最好的方法。

现在随着社区游戏的消失，让孩子在家里体验这种形式对孩子来说是非常重要的。如果现在的孩子能拥有类似于以前的那种呼朋引伴的共同程序和形式的话，那么被孤立的孩子会少很多。

下面一起读一下《朋友好》这本书吧。一个孩子向另一个不同肤色的孩子搭话。"喂！""你说什么？""看着我！""谁？""我说你！""我？""是啊，你。""为什么？""你过得好吗？""不怎么好。""为什么？""没意思。""为什么？"……书中主人公的对话以这种单句的形式进行。这本书好像把孩子们的对话原封不动地写了进去，每一章都充满着乐趣。它可以帮助孩子意识到，自己的想法可以通过短短的对话充分地表达出来，而不需要通过特别长的对话。妈妈和孩子分角色朗读也可以让孩子感受到对话的乐趣，互换角色也会有很好的效果。读完这本书，孩子大概就会自动地跟朋友展开这样的对话了。

我们再来读一下《你好，朋友》这本书吧。小孩问一只向猫叫得很凶的小狗说："你讨厌猫吗？"小狗立刻愣住了，说："因为其他的小狗也都这么做。"他又问害怕猫的小家鼠说："猫咬你了吗？"小家鼠对孩子的提问也愣了一下，然后回答道："不，没有。我只是觉得他可能会咬我。"

一般难以和同学相处的孩子很少主动和同学搭话，因为他们总是感觉别人会讨厌自己，会拒绝自己，他们被自己的这种恐惧包围起来了。我们可以通过读书，和孩子、猫咪一起上路。从未主动和别人搭过话的猫宝宝在和小孩一起寻找路途的过程中，开始和其他的动物进行对话，并慢慢地鼓起了勇气。这本书为我们细致地展示了打开关闭的心门、相互成为朋友的过程，也给那些没有经历过，只是觉得别人好像会那样做的孩子带来想法的变化，并会为他们带来勇气。

和孩子一起做"朋友游戏"吧。妈妈和孩子一起做朋友游戏，就像平时做手指游戏那样，孩子自然就会学习到和朋友对话的方法。如果孩子不能很好地说话或经常使用攻击性语言，不要指责他，通过角色扮演告诉他听到这些话的感觉，这样效果会更好。

不断重复妈妈首先搭话，然后反过来孩子首先搭话的游戏过程，孩子就会学习到和朋友搭话的方法了。与其向孩子说明"跟朋友搭话的时候应该这么做"，不如直接跟妈妈对话会更有效。

妈妈在叫孩子的名字时，应该表现得像是招呼朋友一起玩一样。

- "喂，××，我们一起玩吧。"
- "我想跟你玩。"
- "咱们玩什么好呢？"
- "我想玩这个，你也喜欢吗？"
- "我们玩什么会比较有意思呢？"

## 第九周：读书治疗——理解朋友，站在朋友的立场上思考

不能理解朋友的孩子经常会认为只有自己是正确的，而朋友是错误的。如果朋友的想法和自己不同，就会认为朋友很奇怪。这导致孩子无法和别人结成朋友关系，当然这并非出于本意。对这种孩子来说，大人要帮助他们意识到因为不同所以更好。只有拥有更多不同的个性，我们的生活才会变得更加丰富多彩。

让这些孩子读一下《不同所以更好》这本书吧。小圆与三角因为彼此不同而相互高兴地打招呼的样子非常可爱，三角称赞了小圆，因为它觉得小圆长得圆嘟嘟的，很好滚下坡道。于是小圆就把三角举起来一起骨碌骨碌地往前赶，但是坡道的尽头突然出现了一个悬崖峭壁，小圆无法用自己的力量停下来。就在这时，三角用最快的速度挡在了小圆的前面。相互不同实在是太好了，于是它们两个说道：

"我跟你不一样真是太好了。"

跟孩子一起读一下《谁是第一名？》吧。孩子们只要懂得即便是在相同的状况下，看到相同的事物，感受也可能会不同，接受起来也会不同的道理，就可以大幅度地减少与朋友之间的摩擦。如果孩子难以改变认为朋友是错误的想

法，就一起来读一下《谁是第一名？》这本书吧。

擅长绘画并经常获奖的大兵说："世界上我最擅长画画。"但大兵认为既然自己的画是最棒的，那么朋友也应当画得和自己一模一样。

所以他经常随意给朋友们修改他们的画。后来有一天，大兵被邀请作为画画大赛的审查委员，他看到了各种各样的画，感觉惊慌失措。他还知道了小狗是红绿色盲，不懂红色与绿色的区别，对此他感到非常惊讶。他还了解到蜻蜓的眼睛有 28000 多个，世界万物在它们的眼中看起来都是点。

虽然大兵因为不能理解很多奇怪的画而感到苦闷，但是他最终把所有的画全部看完了，然后他意识到了一个问题：虽然这些画不同于自己喜欢的东西，但作画的人都认为自己画出了最美丽的画。"因为每个人都拥有不同的眼睛。"

## ☆妈妈的治愈对话

- "妈妈和你不同的好处有哪些？"
- "相互不同而导致的不方便的地方有哪些？"
- "假如像大兵想的那样，大家画的画都一样会怎么样？"
- "假如大家都穿相似的衣服、做相似的发型、读相同的书、喜欢吃相同的饭，世界会怎么样？"
- "和朋友不一样意味着什么呢？"
- "有没有觉得因为和朋友不同而很好的情况？"

## 第十周：各种状况下的角色游戏

对想独占玩具的孩子提出"如果朋友不把玩具借给你玩儿，你的心情会怎么样？"的问题的话，孩子会回答"会很伤心"。相反如果问孩子"你不肯把玩具借给朋友玩儿，那么小朋友的心情会怎么样？"这个问题的话，孩子会怎么回答呢？

有的孩子会说："小朋友可以拿别的玩具玩啊。"虽然孩子隐隐约约觉得其他小朋友会因此感到伤心，但他却努力回避自己的感情。

假如孩子习惯性这么做的话，他的共鸣能力就得不到继续发展。而一开始就没有共鸣能力的孩子有时候甚至会说"小朋友不伤心"，当然这是最为严重的情况。相反有很强共鸣能力的孩子在知道其他小朋友很伤心之后，就会控制自己的贪心并调节自己的行为。

在法国，家长会教给孩子4句话，这些话可以让孩子拥有良好的社会性。它们是"请帮助我！""谢谢！""你好！""再见！"家长们会在孩子很小的时候就教给他们这4句"魔法语言"。我国的父母也会教给孩子这些话以培养他们的社会性，但有一点不同的是，我们不太会教给孩子说："请帮助我。"孩子有向成人和周围的人请求帮助的权利，人们也有帮助他人的道德义务。但是，大部分孩子虽然在帮助别人这一点上做得很好，却不擅长请求别人的帮助。所以，我们应当教会孩子说"请帮助我"，还要告诉孩子们正确的拒绝方法。出乎意料的是，有很多孩子因为不懂得拒绝别人而感到伤心。很多孩子虽然不喜欢做某件事情，但为了朋友也勉强做了，最后朋友却拒绝了自己的好意，他因此感到很受伤，并且还会误会朋友。应该让孩子懂得，比起怨恨拒绝自己的朋友，先拒绝去做自己不愿意做的事情是非常重要的。

"我不愿意做这件事情，我很累。如果我做不好，我会觉得很丢脸。我做不好，担心连累你们。"

### ☆超市游戏、饭店游戏、游乐园游戏、幼儿园游戏、学校游戏

妈妈与孩子可以在各个游戏中轮流扮演不同的角色。角色之间不同的关系可以帮助孩子练习保持礼仪、表达自己意见的方法等。

### ☆邀请朋友进行练习

这时妈妈可以给孩子们单独相处的机会，妈妈最好不要在场，这是因为孩

子需要经历亲身体验，然后再认识的过程。

☆给妈妈们的参考建议

　　如今，很多私人教育机构都开办了游戏学校，但游戏学校的游戏不同于自然的社区游戏和妈妈在家里进行的治疗性游戏。因为在游戏学校里，老师总处于游戏的中心，引导游戏的进行，孩子很难有亲自创造、计划、施行游戏的机会。而游戏最为重要的一点是孩子成为游戏的主体，计划、推进游戏的有趣进行，享受游戏带来的乐趣。也就是说，做游戏时，孩子不应该受某个人的控制，而应该通过游戏的过程培养自己的控制力，这一点是非常重要的，因为只有这样才能通过游戏发展孩子的社会性。

# 让不断争吵的兄弟姐妹
# 因彼此的存在而踏实、幸福

**妈妈的苦恼：孩子们没有一天不打架的。**

我的孩子们经常吵得很厉害，他们没有一天不打架的，我也已经厌倦了冲他们大喊大叫、批评他们。难道没有什么好的办法吗？要是孩子们能不打架就好了。

## 兄弟之间为什么会打架呢？

我们首先来听一下打架的孩子们的说法吧。

### 6岁敏智的故事

我想和妈妈一起睡，在妈妈的怀抱里睡觉感觉非常好。妈妈会拍打我的背，也会抚摸我的脸，我感觉很幸福。妈妈的味道也很好闻，总之什么都好。但是妈妈却不抱我，只忙着哄弟弟睡觉。妈妈虽然让我枕着她的胳膊，但她的脸却朝向弟弟，只跟弟弟说话。我太伤心了，要是弟弟去其他的地方睡觉就好了。

### 8岁贤锡的故事

我有一个5岁的弟弟，但是他整天玩我的玩具，而且总是弄坏，还用唾沫把玩具弄得脏兮兮的，我只想打他。但每当弟弟把我的玩具弄坏，我因为生气冲他大喊大叫或是打他一下时，妈妈就会冲我发脾气。明明是弟弟做得不对，但不知道为什么妈妈总是对我发脾气，只批评我。

妈妈偶尔也会批评弟弟，但妈妈会温柔地边哄边批评弟弟，对我就像是对着一只真的怪物一样，要是没有弟弟就好了。

### 10 岁阿俊的故事

我只要一回家就觉得烦。我有两个妹妹，一个 5 岁，一个 7 岁。如果她们是男孩子的话还可以一起玩，可是妹妹们只会让我觉得心烦。不仅如此，她们还经常合起伙儿来捉弄我，朝我扮鬼脸。就算是妹妹们的不对，妈妈也只会叫我让着她们。妈妈因为要照顾妹妹们对我根本就不关心，上星期我故意没带东西去学校，妈妈都没有给我送过去。真的很烦，真不知道妈妈为什么要生两个妹妹，要是没有妹妹就好了。

兄弟姐妹之间吵架的基本原因非常简单：因为没有实现各自的愿望。当自己的愿望实现不了时，兄弟姐妹之间的矛盾就开始了。那么两个孩子的争吵会让他们都得到自己想要的东西吗？当然是不可能的。

兄弟姐妹之间的矛盾用"实现孩子们的愿望"这种理念去解决是很难找到出路的，这只会让父母更加茫然，更加没有对策。其实，实现孩子的愿望并不重要，父母也非常清楚孩子们的愿望并不总是能达成的，所以解决争吵的焦点并不在于解决问题。

成长中的孩子会跟自己的兄弟姐妹产生矛盾的原因各种各样，但是孩子越小，为争夺妈妈而产生的摩擦就越多。妈妈们经常会说："我要是干脆出去的话，两个孩子反而能玩得很好。我装作不知道他们在吵架回到自己房间，很快他们俩就会安静下来。"

孩子之间的争吵会因为妈妈的行为而变得更激烈或很快结束，很明显妈妈具有某种影响力。

如果两个孩子无论妈妈在或不在都会吵架，那么就应该格外注意了。这有可能表示两个孩子都有压力，心理上都没有安全感。当孩子与兄弟姐妹吵架的时候，他会希望妈妈怎样做呢？如果妈妈们推测不出孩子们的想法，那就让我们一起来做如下假设。

如果你和婆婆产生了矛盾，无论引起矛盾的原因是什么，作为妻子，你会希望丈夫怎样做呢？如果你的丈夫只追究你的责任，而顺从于长辈会怎样呢？想和婆婆好好相处的想法肯定早就飘到九霄云外了。但如果丈夫充分理解你的心情，并且对你说"真是辛苦你了，你肯定很伤心吧"这样的话结果会怎么样呢？你肯定会更加呜咽，大吐苦水吧。但是只要把不好的情绪全部发泄出来，你大概就会重新理解婆婆、接受婆婆了吧？

对于兄弟姐妹之间有严重矛盾的孩子，他们心里难过的原因更多在于妈妈不理解自己，而不在于其他的兄弟姐妹，所以解决兄弟姐妹之间的矛盾真的在于妈妈的做法。

### ☆ 哥哥姐姐期望的事情？弟弟妹妹期望的事情？

敏智、贤锡、阿俊对妈妈的期望分别是什么呢？

敏智说希望妈妈抱自己，希望弟弟到别的地方去睡。妈妈虽然可以抱敏智，但不可能答应敏智让弟弟去别的地方睡觉。

所以只得再对敏智说："他是你弟弟啊，你应该让着他。你小的时候我也是这样对你的啊……"可是这话无论对敏智说多少遍，敏智依然觉得很伤心。

阿俊与贤锡甚至非常露骨地说出"要是没有弟弟（妹妹）就好了"这种话，这样的话会让妈妈非常痛苦。本应该疼爱弟弟妹妹、照顾弟弟妹妹的哥哥反而讨厌弟弟妹妹，希望没有弟弟妹妹，这会让妈妈觉得非常茫然。阿俊的愿望则是无论如何都不可能实现的。而对于贤锡，他说想打弟弟，妈妈也绝不可能让他打。

如果无论如何都不能满足孩子们的要求，那就让我们来多了解一下孩子的想法。弟弟如果去别的地方睡觉了，对敏智会有什么好处？要是没有弟弟妹妹了，对阿俊与贤锡又有什么好处？

孩子内心深处真正想要的东西是确认妈妈对自己的爱。在没有弟弟妹妹的时候可以和妈妈度过幸福的时间，在妈妈柔软的怀抱中获得幸福与安全感。

我们只要再次掀开包围着孩子们心灵的那层坚硬的壳就会发现，里面藏着被夺走了妈妈，伤心孤独的孩子。现在是妈妈帮助孩子的时候了，那么应该先帮助孩子什么呢？

## 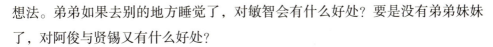 为争吵严重的兄弟们准备的心灵成长 10 周计划

| 周　别 | 活　　动 |
|---|---|
| 第一周 | 关系治疗——妈妈的一个眼神就可以减少问题行为 |
| 第二周 | 治疗性对话——我只有这样做的时候妈妈才会关注我 |
| 第三周 | 运用发展任务进行心理治疗 |
| 第四周 | 兄弟之间相互观察 |
| 第五周 | 简单有意思的角色游戏 |
| 第六周 | 感动活动是最有效的 |
| 第七周 | 告诉他们好的兄弟模范 |
| 第八周 | 创作一首铿锵有力的《兄弟歌》 |
| 第九周 | 给对方写信，告诉对方自己的愿望 |
| 第十周 | 讲故事——永远的魔力 |

### 第一周：关系治疗——妈妈的一个眼神就可以减少问题行为

敏智的妈妈决定揣摩一下因为弟弟而伤心的敏智的心理。她开始观察老大，

打算一看见老大伤心就立刻过去安慰他。但不知道为什么，那天孩子看起来并没有特别的伤心，也没有做出让妈妈觉得不顺眼的行为。妈妈觉得这样平和地度过一天简直是太新奇了，后来连续几天都是如此，妈妈开始好奇敏智的行为怎么突然没有问题了。

原因其实很简单，这是因为"妈妈一直在关注着敏智"。敏智真正想要的是妈妈的爱与关心，而妈妈则表现出了对敏智的关注，无论敏智做什么妈妈都一直在关注他，在关注他的同时确认了敏智并没有做任何问题行为，所以妈妈望向敏智的眼神是温柔、平和的。

那么敏智怎么样呢？曾经只有在自己发脾气或表现得很伤心时才会望向自己的妈妈，在自己没有做任何出格行为的时候望向了自己，他的全身心都感受到了这一点。自己爱着的妈妈正看着自己，孩子当然想表现出良好的行为，把自己可爱的样子展现给妈妈，也就是说妈妈的眼神强化了孩子的良好行为。

妈妈"淡淡的眼神、温柔的微笑、平和的感情状态"，这些都让敏智感觉到了妈妈的爱与关注，所以对于弟弟的嫉妒与怨恨也得到了舒缓。既然确认自己已经得到了想要的爱，就没有必要惹是生非了。

☆妈妈的治愈对话

● 在孩子自己玩的时候呼唤孩子的名字

让我们经常温柔地呼唤孩子的名字吧。

"喂，××""干什么？""没什么，就是想叫一下我亲爱的××。"希望妈妈与孩子的对话以这种形式展开。虽然孩子嘴上会说"妈妈真是的"，但孩子的心情肯定很好。

不管妈妈怎样将时间花费在弟弟妹妹的身上，妈妈是看着自己的，妈妈对自己也非常用心，孩子只要知道这一点就不会感觉到不安。"妈妈会看着你，有什么话要对妈妈说的尽管说好了。"

● 拥抱孩子

在孩子过来纠缠之前，主动把孩子叫过来并拥抱他。

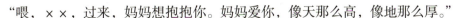

"喂，××，过来，妈妈想抱抱你。妈妈爱你，像天那么高，像地那么厚。"

● 三明治拥抱

把孩子放在中间，跟爸爸用力地抱住孩子。即便只拥抱 5 秒钟，也会让孩子心底的不安与孤独飞到九霄云外。

● 大家一起边看老大小时候的照片或录像边聊天

孩子在看到自己小时候的样子后可以确认爸爸妈妈当初是多么的爱自己，同时也可以成熟地接受弟弟还是婴儿需要照顾这一事实。

● 在上幼儿园或是上学之前一定要多抱抱孩子

告诉孩子，在他上学或上幼儿园期间妈妈都在做什么。要是孩子有分离不安症，告诉孩子妈妈一天的日程就更加重要了。

● 职场妈妈小贴士

让孩子确认妈妈在上班的时候心里也是有孩子的，妈妈可以通过询问孩子的心里是否有妈妈的方法来确认。妈妈和孩子相互约定在度过美好的一天后，晚上见面。告诉孩子无论什么时候、发生任何难过的事情都可以跟妈妈联系。如果妈妈不能接电话，那么可以告诉孩子妈妈会在什么时候打电话。如果孩子还不会看表，妈妈就提前告诉孩子"当短针指着什么地方的时候妈妈就会打电话"，或提前在钟表上用贴纸标示好，用这种方式和孩子约好。

## 第二周：治疗性对话——我只有这样做的时候妈妈才会关注我

妈妈和孩子展开的优秀对话也是一种心理治疗。

让我们来看一下 8 岁贤锡的故事吧。

床上两个孩子在妈妈的两边拼命地争夺妈妈，都想要占有妈妈。老大越过妈妈把弟弟推下了床，被推下床的弟弟大声地哭了起来。妈妈把老大放到原来的位置，抱起弟弟安慰他，老大抓住妈妈的衣角叽叽歪歪。

**妈妈**：弟弟哭起来我们不也睡不着吗？妈妈哄完弟弟就过来抱你。

**老大**：妈妈只抱弟弟不抱我，喊。

（一会儿弟弟的哭泣声渐渐小了下去，他揉了揉眼睛开始进入梦乡。妈妈抽出抱着弟弟的胳膊，转身朝向老大。但当妈妈伸出手要抱老大的时候，却发现老大拒绝妈妈的拥抱，并在不满地自言自语。）

**妈妈**：原来贤锡伤心了，因为妈妈只抱弟弟。本来你也要求让妈妈抱，但妈妈却让你等了一会儿，是妈妈不好。

**孩子**：（安静地听着）

**妈妈**：妈妈要是抱着你、拍拍你，你的心情很快就会好起来的，你是不是很怨恨妈妈？

**孩子**：嗯。

**妈妈**：（抚摸孩子的背部，让孩子朝向自己躺着，用力地抱住孩子、亲吻孩子。）妈妈对不起你，但弟弟哭起来不仅会妨碍你睡觉，也会让我们的心情变得很糟糕，所以我觉得应该先哄弟弟。没有考虑到你的心情，妈妈感到很抱歉。

（贤锡的脸上露出满足的表情，在妈妈的怀里睡着了。这是妈妈头一回使用"伤心""怨恨"这种词语。）

10岁的阿俊也有自己的故事。

有3个小朋友来阿俊家里玩耍，因为房间门是打开的，可以听得见孩子们玩耍的声音。但是阿俊突然大声喊道："唉，好烦！"这引起妈妈的关注，她来到了房间里询问是怎么回事。

**妈妈**：怎么了？和小朋友们好好玩就是了，什么惹你厌烦了？

**阿俊**：没，没什么，不是什么大事儿。

**妈妈**：是吗？和小朋友们好好玩，不要吵架。

然后妈妈就回到了厨房里，接着阿俊的声音就低了下来，妈妈认真竖起耳朵听着阿俊小声对朋友们说话。

阿俊："看，我说得对吧？妈妈只有在我发脾气的时候才会关注我，所以你们也这样试试看吧。"

这是妈妈头一次认识到只有在阿俊发脾气的时候自己才会靠近他，巧的是那天到家里来玩的孩子家里都有弟弟妹妹。

孩子们聊天的主题是由于弟弟妹妹而令自己伤心的事情，而阿俊则在聊天的过程中向朋友们传授了获得妈妈关注的秘诀。所有的小朋友都回家以后，妈妈紧紧地抱住阿俊，非常真诚地望着阿俊说：

"你肯定因为妈妈只有在你发脾气的时候才关注你而感到伤心吧，你肯定认为妈妈平时对你不够关心，妈妈不知道你是因为想获得妈妈的关心才发脾气。对不起，妈妈以后肯定会多多关心你。"阿俊的眼泪一下子充满了眼眶，过了一会儿他安静了下来，然后他擦干了眼泪对妈妈说："因为妈妈要照顾弟弟妹妹嘛，没关系。"

请妈妈们以后再也不要说"你是哥哥，你得让着弟弟"或是"弟弟得好好听哥哥的话，赶紧向哥哥道歉"这样的话了。因为这样的话不仅没有任何效果，还会增加兄弟之间的怨怼与讨厌之情。

### ☆妈妈的治愈对话

对哥哥说

● "弟弟让你感到很辛苦吧。弟弟一点都不听话，还经常妨碍你，我觉得你完全有理由这么想。要是换作妈妈，妈妈肯定也会这样想的。妈妈以前总是要你让着弟弟，你肯定很委屈吧。没有人理解你的想法，所以你一定很郁闷。妈妈虽然不说，但是妈妈都知道。对不起，谢谢你，妈妈爱你。"

对弟弟说

● "哥哥不跟你玩儿，是不是感到很伤心？哥哥不让你玩他的玩具，是不是很生气？哥哥老是按照自己的想法让你干这干那，是不是很委屈？"

## 第三周：运用发展任务进行心理治疗

让人感到意外的是，幼儿期的问题行为，经常可以通过帮助他们实现心理发展任务的方式来轻易解决。

让我们以孩子与弟弟的关系为例来看一下。6岁的敏智喜欢跟着妈妈做一模一样的事情，他经常会主动要求给4岁的弟弟换衣服，或是要求帮忙洗碗。而妈妈觉得孩子会帮倒忙，所以不愿意让孩子做这些事情。但如果妈妈不让敏智做那些他想做的事情的话，孩子一定会找其他的理由耍赖，让妈妈感到很疲惫。

有一次敏智正吃着西瓜，弟弟睡醒了。他问弟弟："你要不要吃西瓜？"然后他用勺子把西瓜挖出来放到一个小碗里，弟弟吃得很香。此时，敏智看着弟弟的样子非常可爱。因为弟弟还要吃，所以妈妈就又往碗里放了一些，而敏智忽然叽叽歪歪地说自己也还要。因为敏智平时不是很喜欢吃西瓜，所以妈妈觉得很奇怪。妈妈于是又给了他一些，但是他却说西瓜子太多，又说要和弟弟的一模一样的，发起了脾气。

妈妈：敏智，你现在看起来心情不好。

敏智：嗯，都是因为妈妈，所以我心情不好。

妈妈：哦，原来是因为妈妈，所以才会心情不好。是因为你想像刚才那样给弟弟挖西瓜吃，但是妈妈替你做了的缘故吗？

敏智：嗯。

妈妈：（对弟弟）你还想吃西瓜吗？

弟弟：嗯，我还要。

妈妈：那么，敏智给弟弟挖西瓜好不好？

敏智：（用叉子给弟弟挖西瓜。）

敏智小心翼翼地把西瓜放到弟弟的碗里，然后两个孩子一起进了游戏房间玩了起来。过了一会儿，忽然听到敏智大声说："妈妈！零食很好吃，谢谢妈妈为我们准备。"这是他平时不曾说过的话。

敏智没有说自己要给弟弟挖西瓜，但只要仔细观察孩子的行为，就会发现他突然叽叽歪歪的原因了。虽然孩子还不能用语言准确地表达出自己的想法，但妈妈居然能够理解自己的心理，于是孩子的心情就开朗起来了，也能和弟弟更加愉快地相处了。

5～6岁孩子的心理情绪发展任务是主导性，妈妈们应当忠实地实践这一任务。妈妈可以主动为孩子创造一些孩子可以亲自做的事情，比如照顾弟弟、帮助妈妈，这些都可以让孩子来参与。然后无论孩子做得好或不好，都要找出孩子做得好的地方并给予支持。如果妈妈能够充分地保护、尊重孩子的主导性，就会意外地发现孩子的问题行为非常容易地减少了。不仅如此，妈妈还可以非常明显地感觉到孩子的正确行为忽然之间增多了。

### ☆妈妈的治愈对话

- "哇！你把弟弟照顾得很好！"
- "你来帮妈妈做这个好吗？"
- "有你帮妈妈，妈妈觉得方便多了！"
- "按照你说的来做果然效果很好！"
- "你的想法怎么这么棒！"

## 第四周：兄弟之间相互观察

预防兄弟姐妹之间产生矛盾的最好办法是实践"下行爱"。只要妈妈给了老大充分的爱，那么老大自然就会疼爱弟弟妹妹。由于要照顾弟弟妹妹，所以让老大感到孤单、悲伤的情况太多了。让那些因为弟弟妹妹而感到孤单、悲伤的老大也参与到照顾弟弟妹妹的行动里来吧。首先，妈妈可以让老大观察弟弟妹妹的情况，读懂弟弟妹妹发出的信号，然后弄明白弟弟妹妹的需要并告诉妈妈。老大的孤单是从妈妈光顾着照顾弟弟妹妹，不让老大碰弟弟妹妹开始的。所以从一开始就应该和老大一起迎接弟弟妹妹的到来。

向老大展示感情表达的目录，帮助老大表达弟弟妹妹的各种感情。对于还不识字的孩子，妈妈可以给他们画出表达感情的图画。

### ☆妈妈的治愈对话

下文提供的是当妈妈与老大谈及弟弟妹妹时合适的提问，当弟弟妹妹因为老大伤心时可以反过来做。

- "孩子会是因为什么而哭起来的呢？"
- "孩子现在需要什么呢？"
- "孩子哭起来的话我们需要怎么做呢？"
- "孩子跟你说的会是什么意思呢？"
- "现在有没有安全地照顾弟弟的方法呢？"
- "弟弟现在是想要做什么呢？"
- "弟弟是想跟我们说什么呢？"
- "我们应该为他做什么呢？"
- "弟弟是什么样的表情啊？"
- "弟弟发脾气的原因会是什么呢？"
- "弟弟长大以后你想和弟弟一起做什么呢？"
- "弟弟以后会擅长做什么呢？"

所有兄弟姐妹之间的这些互动都会成为孩子们成长的基础，也会对日后的学习产生积极的影响，因为他们懂得了深入地观察、探究、思考、共鸣、照顾别人。孩子们之间的互动如果以让老大来写弟弟妹妹的幼儿日记的方式来进行，效果会更好。

2008 年 4 月 7 日　星期一

　　调查河敏（弟弟）

　　河敏做得好的地方：和他一起玩的时候很有意思。如果和他玩他自己想玩的游戏，他就会很听话。

　　河敏做得不好的地方：缠着我一起玩他自己想玩儿的游戏。

　　河敏可爱的地方：说话像诗人。"干净的手消失不见了。"

　　如果没有河敏的话：每天会很枯燥、无聊、非常漫长。盼望河敏赶快回来。

　　调查河敏后的感觉：我感觉到了弟弟很重要，应该好好对待他。

## ☆可以和老大一起做的事情

　　给弟弟妹妹喂牛奶、帮助妈妈给弟弟妹妹换尿布、和妈妈一起给弟弟妹妹洗澡、给弟弟妹妹拍照、给弟弟妹妹读书、帮助弟弟妹妹学习、教弟弟妹妹做游戏（折纸等）。

## 第五周：简单有意思的角色游戏

　　角色游戏是通过扮演某种假想角色以改变孩子的某种问题态度或问题行为的一种技法。要解决兄弟姐妹之间的关系问题，并不意味着游戏要局限于只交换兄弟姐妹立场，还可以做其他各种各样的角色游戏。

## ☆人物角色游戏

　　首先设定孩子喜欢的人物角色，可以是波洛洛（这是一个韩国动画片里的人物主人公，此处可以替换为喜羊羊等本土动画片角色，译者按），也可以是超人。如果孩子扮演波洛洛或超人的话，那么妈妈就可以扮演孩子。相反，如果妈妈扮演波洛洛或是超人，那么孩子就扮演孩子。经过几次这样轮流扮演，孩子就会在不知不觉中从各种不同的视角来理解自己的样子了。如果妈妈此时提出其他兄弟姐妹的烦恼，孩子就会成为自己所扮演的人物角色，就能够比较客观地说出自己的观点了，孩子也就可以从更多样的视角来理解兄弟之间的关系。

☆模仿事物的角色游戏：树木、桌子、食物、铅笔、橡皮等

人去模仿事物也是非常有意思的，游戏方法是其中一个人扮演物品，另外一个人扮演使用者。双方很自然地就会展开有趣的对话，孩子们也可以体会到相互不了解彼此的心情是多么让人伤心。

☆交换立场的角色游戏

过家家是一个很好的游戏，玩过家家的时候孩子就会很自然地扮演家人的角色，他们可以自由地扮演哥哥、弟弟、爸爸、妈妈等自己想要扮演的角色。玩过家家的游戏时，情节越多样越好，比如吃饭的情节、早上准备上学的情节、在家玩耍的情节等。大家每个人扮演在不同情况下的不同角色，自然就会理解其他的家庭成员的感受与心理，也能更容易理解爸爸妈妈的心情，这个游戏还可以增进兄弟姐妹之间的理解。

## 第六周：感动活动是最有效的

妈妈可以独自为孩子准备感动活动，但和孩子一起为其他的兄弟姐妹准备感动活动效果会更好。比如和弟弟一起为哥哥准备感动活动，和哥哥一起为弟弟准备感动活动等。活动不必搞得太盛大，也不用准备太多的东西，准备的东西尽可能越少越好。妈妈可以先和哥哥为弟弟准备一个感动活动。例：

● 庆祝弟弟高兴地上幼儿园的活动

准备的东西：奖章。奖章可以由哥哥在白纸上写上题目与内容。

等弟弟从幼儿园回来活动就可以开始了。

"今天特意为你准备了一样东西。来，到这里来。为了祝贺你在幼儿园每天开心地上学，妈妈和哥哥决定给你颁发一个奖章。"

附加的奖励是把哥哥当成木马骑 5 分钟。

想象一下这个感动活动会是怎样的场面呢？我们可以想象得到高兴地笑起来的弟弟，与望着弟弟脸上浮起微笑的哥哥。孩子们从对方那里获得了感动，因为这种感动的存在，小矛盾就不会再是矛盾了，双方都会产生更加理解与包容对方的心情。

## 第七周：告诉他们好的兄弟模范

我们可以给孩子们讲"莱特兄弟"和"玛丽·居里姐妹"等拥有深厚兄弟姐妹感情的伟人的故事。

人类历史上最早的动力飞机发明者莱特兄弟非常理解彼此，拥有非常浓厚的兄弟之情。他们之间深深的理解、信任，有效的沟通、默契的配合，受到了人们的赞美，称他们"展现出了兄弟之情的极致"。兄弟二人从小就都对手工非常感兴趣，早在他们少年时期就一起制造出一台印刷机，还曾经出版过一份小小的报纸。虽然兄弟二人的性格非常不同，但是他们尊重彼此的优点最终取得了成功。

在玛丽·居里和姐姐布罗妮雅生活的时代，波兰是不允许女子成为大学生的。所以姐妹两人约定，姐姐布罗妮雅先去巴黎学习，而妹妹玛丽则当家庭教师资助姐姐。然后在姐姐布罗妮雅毕业后，再由她来资助玛丽。两姐妹确实是按照这个计划实行的，所以后来玛丽才能动身去巴黎，开始她的学习生活。

已经上三年级的东健和 6 岁的弟弟东贤之间的矛盾非常大，以至于妈妈想让他们两个都接受心理治疗。于是我见了这两兄弟，发现他们的个性非常明显。

哥哥因为总是要让着弟弟，所以压力很大；而弟弟总是赢不了哥哥，又总是想方设法地要赢他，所以很焦虑。

我首先要做的就是安慰哥哥，缓解他因为弟弟而产生的压力，并告诉他成为一个有影响力的哥哥的方法，而这个方法非常简单，那就是：告诉弟弟一个在和小朋友们玩游戏时脱颖而出的秘诀。

"你是不是很想让纸飞机飞得更好啊？让哥哥来告诉你怎么做。只要你这样做，你的纸飞机就会比你的小伙伴飞得都好。"我让哥哥引导弟弟进行这种对话，并让他提前做好练习。然后我给他讲了莱特兄弟的故事，这时哥哥表示自己早就听过这个故事，一副了然于胸的样子。我表扬了东健，称赞他懂很多的知识。

对于弟弟，我首先告诉了他一个事实，那就是他是绝对不可能战胜哥哥的。结果东贤忽然大叫着说"不可能"，然后耍赖哭了起来。似乎没有人跟他说过这句话，所以他一直以为自己是可以战胜哥哥的。当家里有两个儿子时，妈妈们经常会犯这种错误，那就是经常让哥哥让着弟弟，或是故意输给弟弟，其实这对两个孩子都不好。弟弟如果想在游戏中获得胜利，可以从哥哥那里学习技术，然后在玩耍时战胜自己的小伙伴们就可以了。现实虽然残酷，但必须让弟弟明白。等到东贤哭完了以后，我再次这样对他说：

"你赢不过你的哥哥，但你可以从哥哥那里学到很多好技术，那么在你和小伙伴玩耍时你肯定能赢。"

然后帮助哥哥教会弟弟折纸飞机的方法。

等到下周再见到兄弟两人的时候，他们已经变了很多，哥哥甚至还突然说道："因为我们是莱特兄弟。"弟弟看起来也更听哥哥的话了。

## 第八周：创作一首铿锵有力的《兄弟歌》

我们既然可以制定一个兄弟之间的信号、暗号、特别的称谓，也可以创作一首兄弟之歌。方法是找一首孩子们都喜欢的歌，然后换掉歌词。兄弟们经常唱这种歌曲可以增进感情，"我们"这一概念越牢固，兄弟之间的矛盾就会越少。

☆妈妈的治愈对话

- "哇，你们兄弟两个真勇敢！你们一起合作的样子真帅！"
- "妈妈能生出你们这样帅气的兄弟真是太开心了。"
- "只要你们兄弟一心，世上就没有什么可怕的事情。"
- "看到你们俩这样一起好好玩耍，妈妈觉得最幸福。"

## 第九周：向对方写信，告诉对方自己的愿望

我们还可以偶尔写封信告诉对方自己对对方的期待。让人意外的是，虽然孩子们擅长表达自己的愤怒与不满，但经常不知道自己究竟想要什么。

上四年级的姐姐给两个弟弟写了一封信。

### 我对弟弟的期待

①听话。

②在我学习或做作业的时候能够保持安静。

③不要一声不响地把吃的东西或橡皮、铅笔等拿走，一定要事先跟我说，征得我的同意。

④不要引发对父母的嫉妒心。

⑤不要恶人先告状，明明自己有错在先，却跑去跟妈妈哭。

妈妈也可以让弟弟妹妹写下自己对哥哥姐姐的期待。如果孩子还不会写字，可以让他们说出来，然后妈妈帮他们写下来。通过偶尔写写自己对对方的期待这种方式，也可以大幅减少孩子们之间的矛盾。

## 第十周：讲故事——永远的魔力

下面我们要讲一个故事，这个故事发生在朝鲜王朝世宗大王时代，是在忠清南道礼山郡真实存在过的李成万、李顺兄弟俩的故事。兄弟俩春天一起插秧，夏天一起拔草，到了秋天一起迎来丰收。但后来哥哥结婚了，弟弟开始一个人过日子。哥哥担心弟弟一个人日子过得不好，每天晚上都偷偷地往弟弟的谷堆里放稻捆。而弟弟觉得哥哥家的人口多，所以也往哥哥的谷堆里放稻捆。所以无论怎么往外拿，兄弟俩谷堆里的稻捆都没有减少。这就是我们所熟知的"义气兄弟"的故事。

我们都有各自生活的故事，未来也会有更多的故事发生，而未来的故事决定于我们自己的选择。孩子们在咨询和心理治疗中编写故事的同时，也会慢慢发现他们开始生活在新的故事里，看到自己生活在新故事中的样子。故事并非仅仅是故事，它会让我们回顾我们所处的现实，也具备提出"以后应该怎么生活"这种问题的力量。

我们可以一起躺在床上，让每个人轮流编故事听。妈妈可以首先让孩子编一个由自己做主人公的故事。故事可以用"从前生活着兄弟两个"作为开头，兄弟之间关系不好的孩子经常会编出兄弟相互攻击的情节。妈妈也可以先把两个孩子的名字加到"义气兄弟"的故事里，然后讲给他们听。

这样在孩子们相互反复讲故事的过程中，他们之间的新故事也就展开了。孩子们一起编自己兄弟的故事，会帮助孩子们在心中确立起"我哥哥""我弟弟"这样的良好形象。

**给妈妈的小贴士**

## "恢复平和的椅子"比"思考的椅子"更好

### 是"思考的椅子"，还是"惩罚的椅子"？

在我介绍了"思考的椅子"以后，很多家庭都开始使用这一方法，但这一方法也有很多副作用。有的家长将"思考的椅子"误用为"惩罚的椅子"，只要家长说"坐到思考的椅子上去！"孩子的反抗就会更加强烈。遇到这种情况时，我们应该先回想一下"风与太阳比赛，看谁能让一个人把衣服脱光"的故事。如果一个人的心中充满爱与感恩，那么他肯定会做出好的行动。越是惩罚，孩子会越执着。因为他们认为这是自己获得爱与关心的方法，而越惩罚孩子，孩子这种认知上的扭曲就会越严重。

### 要"和平的椅子"，不要"惩罚的椅子"

"如果有伤心的事情就坐到椅子上，那么妈妈就会明白了，就会过去安慰你。"

让我们准备一把能让孩子恢复心灵平静的椅子，能够舒适地休息的椅子，能够安慰自己心灵的椅子吧。当然妈妈也可以在家里的椅子上放一个赋予了特殊意义的坐垫。

在家里为孩子准备一个表达自己感情的地方，会让孩子比较容易表露出自己的心声。这对于难以用语言来表达自己心声的孩子来说更为必要。

据说，美国学校里的社会福利办公室就为孩子们准备了能够缓解情绪的空间。最近韩国也产生了"Wee Center"，这是专门为心情难过的孩子所准备的空间。当孩子们因与朋友争吵而生气、悲伤时，或因老师不理解自己而感到伤心时，可以跑到这里来缓解自己的心情。如果家里也有这样一把椅子，那么在孩子伤心、难过、郁闷的时候，就可以坐到椅子上等待妈妈温柔的安慰了。

# 抑郁、无助的孩子找回兴趣、活力的方法

**妈妈的苦恼：我家孩子好像得了抑郁症。**

我的孩子上五年级了，但他完全没有任何欲望。无论我们说什么，孩子只会哭丧着脸，呆呆地看着面前的空气。真不理解我的孩子怎么会跟小老头似的，只会那样老气横秋地坐着。如果不提醒他，他会错过上课外班的时间；如果不给他收拾好作业，他自己绝对不会收拾。孩子只有在玩游戏的时候眼睛才会亮晶晶的，其他的事情他一概不想做。每次看到他整天耷拉着肩膀的样子，我都很郁闷。我听说孩子也有得抑郁症的，我家的孩子是不是得了抑郁症呢？

## 每个人都可能抑郁

抑郁的原因非常简单：生活没有按照自己的意愿发展。当孩子无法确认父母的爱时会抑郁，感觉自己非常无能，对自己感到失望、挫败会抑郁，在和朋友相处得不融洽时会抑郁，在即便继续做下去也没有任何用处、毫无意义的时候也会抑郁。

事实上，因为每个人都可能会抑郁，所以与其追究为什么会抑郁，提前想好抑郁时的对策更为重要。在听说孩子得了抑郁症之后，很多父母都会想："小

孩子怎么会得抑郁症呢？"是的，孩子也会抑郁。或许由于自己的生活还要依赖父母，才更会如此。孩子有时感觉到的挫败感与吃力感甚至比成人更严重。正因为他们是小孩子，所以我们才更要在旁边帮助他们更好地克服抑郁症。

美国的心理学家马丁·塞利格曼进行了一项实验，他将 24 只狗分作 3 组并把它们关在笼子里进行电击，这就是"习得性无助"实验。所谓习得性无助，就是指在基于不可回避或无法克服的环境下的经验，在实际上可以回避或是克服的环境中自暴自弃的一种行为。

实验是这样进行的。

第一组：摁下开关电击就会自动停止的环境。

第二组：摁下开关后，电击仍然持续，身体被绑，难以应付。

第三组：作为比较组，虽然在笼子里，但是没有对它们进行电击。

在实验结束 24 小时以后，将这 3 组狗转移到另外的笼子里进行电击。但这时只要狗越过中央的墙壁就可以避免电击。此时，第二组的狗只是缩在笼子的一角颤抖，完全接受了电击。

也就是说第二组的狗认为自己无论做任何努力都无法克服这种状况，成为"习得性无助"的状态。第二组的狗在第一次电击时也像其他组的狗那样，到处蹦跳、狂叫、咆哮，但是在发现情况没有任何改变以后，它们就变得非常被动，它们或是坐着颤抖，或是完全接受了电击。

那么人会怎么样呢？其他的学者利用厌恶刺激对人进行了实验，很多人也出现了无助的状态，但这意味着仍有一些人为了逃脱这一状况，为了控制局面而努力着。

那么，在这种容易感到无助的状态下，具备哪些特点的人会去积极地克服这种状况呢？他们对于问题原因的思考方式是不同于那些变得无助的人的。他们不认为情况会一成不变，也就是说他们把困难看作是一时的，他们也不会认为这件事情会波及其他的事。

他们不从自己身上找原因，而更多地将原因归咎于外部，也就是说对各种状况总是持乐观态度的人更容易克服困难。我们的孩子在处于这种情况时会有怎样的表现呢？如何才能将我们的孩子培养成能够积极应对各种状况的孩子呢？

## 🌸 针对抑郁、无助的孩子

我们的孩子也有可能会因为反复的失败而变得抑郁，甚至产生习得性无助。但是只要我们稍微地帮助一下他们，他们就会很快克服一切困难。有了一次成功克服的经验，其他的困难也就可以轻松地战胜。因为他们还是孩子，所以他们的抑郁症不同于成人的抑郁症，会根据爸爸妈妈的态度而轻易发生改变。

称职的父母不会因为自己孩子不断出现的问题行为而抑郁或是无助，孩子的情况经常会看似好转又突然恶化。虽然有升有降，但孩子整体的趋势是在上升的。这意味着孩子在缓慢却持续地成长着，我想称职的父母都会认识到这一点。下面针对孩子的抑郁与无助，开始妈妈的心理治疗吧。

越是抑郁、无助的孩子越是要求妈妈坚持不懈的努力。如果妈妈努力一阵就停止下来的话，孩子很容易回到原来的状态。即便是专家，面对这种情况也至少需要6个月左右的持续心理治疗。一般来说，心理治疗只有在每周一次，进行6个月也就是24次之后才会看到变化，然后孩子会进入稳定期。在谈话与心理治疗中，变化当然是相当重要的，但是这种变化在现实状况中的持续稳定更为重要，所以希望父母能尽可能地坚持进行。

针对抑郁、无助的孩子，治疗活动必须包括以下几点。

① 确认妈妈的爱。

② 笑：对抗抑郁最强有力的方法是笑，孩子必须大声地、痛快地笑出来。如果孩子能够与妈妈一起雀跃，笑起来毫无距离感的话，那么孩子的抑郁与无助就开始丧失它们的力量了。

③ 消除压力的活动：父母应当与孩子做孩子喜欢的运动，摸索消除压力的

方法。孩子从小就可以通过击打吊球与沙包等物品的方法发泄心中潜在的坏情绪，并由此学习到表达、调节感情的方法。

④ 与太阳相遇：每天晒 30 分钟的太阳，大脑会分泌一种叫作五羟色胺的成分，减少抑郁症。用愉悦的心情晒太阳，或散步，或在游乐场为他们推秋千会更有效果。

⑤ 腿部运动：这是美国医学会承认的抑郁症治疗方法之一。骑自行车、走路、登山等腿部运动会刺激大脑，对大脑的活性化有一定的效果。

⑥ 妈妈的治愈对话："一句话说得让人跳，一句话说得让人笑。"这个俗语不是随便产生的。妈妈们在说话之前应该先认真揣摩一下，自己要说的话能否表达出自己心中的想法。越是抑郁的孩子，越是有小心眼的特点，所以一句话对他们的影响可能会被无限放大，希望妈妈们在对话上多用点心思。

## 妈妈对于抑郁、无助的孩子应该更加用心

下面让我们正式开始治疗活动。我们会从前文提到过的 70 多种活动中找出包括前面 6 种要素的活动并加以运用。

在 10 周的活动全部进行完毕之后，再从头开始一遍，同样进行 10 周。在活动进行的过程中，请妈妈们用相机记录下孩子的样子，并把孩子所说的话原封不动地记录下来。然后准备一个笔记本，把孩子画的画、孩子的照片、孩子的文字全部粘贴在上面。当第一个 10 周过去，第二个 10 周开始的时候，妈妈肯定会发现，孩子说的话和孩子的表现不一样了。确认孩子的改变之处，然后和孩子分享这种喜悦。

希望大家坚持到底，把活动进行到能够经常看到孩子明亮的笑容的时候，而且这种笑容不是因为看大人的眼色而故意做出来的，而是发自内心的、无距离感的笑容。如果这些活动难以每天都进行，最少也得每周一次。就像真的去

咨询室一样，妈妈每周在固定的时间，准备好好吃的零食，也提前准备好心理治疗所需要的东西。每周一次的特别时间会让孩子的忧郁与无助一扫而光。

抑郁、无助的孩子有时候还会表现出不想做任何事情的态度，此时我们可以和孩子尝试下面的对话："要是你再次回到 5 岁的时候，你会想做什么事情呢？今天一天做什么呢？"孩子虽然觉得现在的生活很没意思，但对于自己以前期待的东西、喜欢的东西印象是非常深刻的，以过去的那一刻为起始点就可以了。如果能从孩子记住的、喜欢的事情中找到相关的活动并以之为起点，效果会更好。总之，最好从孩子所说的活动开始，即便有的活动在前文当中没有提到。

## 为抑郁、无助的孩子准备的心灵成长 10 周计划

| 周 别 | 活 动 |
| --- | --- |
| 第一周 | 重新体验快乐 |
| 第二周 | 向英雄请求帮助，或是模仿英雄（参照第 066 页） |
| 第三周 | 通过成功与失败摆脱无助 |
| 第四周 | 通过照片寻找回忆（参照第 085 页） |
| 第五周 | 给予帮助与接受帮助 |
| 第六周 | 读书治疗（参照第 086～089 页） |
| 第七周 | 探索我的大脑 |
| 第八周 | 培养听觉注意力（参照第 118 页）<br>培养视觉注意力（参照第 119～120 页） |
| 第九周 | 桌游治疗——蛇骰子游戏（参照第 130 页）<br>桌游治疗——尤茨游戏、自制骰子游戏（参照第 151 页） |
| 第十周 | 了解自己的欲望，装饰一个自己想要的世界 |

★其中第二、四、六、八、九周运用我们前文已经进行过的方法。

## 第一周：重新体验快乐

用笑容赶走抑郁吧！通过游戏让孩子再次确认妈妈的爱吧！重新和孩子玩他小时候曾经喜欢的游戏，并且仍然像对待婴儿一样对待孩子。即便游戏非常简单，也得让孩子玩得起劲儿一点。和孩子一起做他喜欢的食物，这个活动总是特别有效。给孩子分配任务，和孩子一边开心地聊着天，一边制作食物。将做好的食物盛放在漂亮的盘子里，点上蜡烛，边听音乐边吃美食，效果会更好。全新的体验会重新找回孩子的能量。

\* 制作一个纸帽子，把纸团起来做成纸球，然后玩抛纸球、接纸球的游戏。

\* 把纸团起来做成纸球，在纸球上盖上印章，然后把球掷到墙上玩盖章的游戏。（墙面上贴上一大张纸，地上铺上报纸。）

\* 和孩子一起制作孩子喜欢的点心。

给孩子讲他小时候的故事。孩子刚刚学会走路的样子，开始会自己上厕所的事情，第一次认字的时候，第一次骑自行车的那一天等，给孩子讲他在长大的过程中一点一滴的成功的故事。

☆妈妈的治愈对话

给孩子打气时，表扬与一唱一和的对话是最好的。

● "哇，真有意思。好高兴。要不要再来？我们再来一次吧。"

● "做得很好啊！很帅！你真棒！"

## 第三周：通过成功与失败摆脱无助

成功的经历会给孩子以力量与动机，而失败的经历可以让孩子练习技术，以便在将来做得更好。让我们帮助孩子认识到失败是一种成长的机会吧。当然失败也可能让孩子产生持续的挫败感，即便犯了一个很小的错误，孩子也可能会陷入"我就是这个样子"的情绪当中。所以我们应该从孩子擅长的、能够兴致盎然地投入的游戏开始做起。

例如往篮子里面投球的游戏、飞镖游戏，或是投壶游戏等，都很好。

如果孩子做得很好，就和他一起聊一聊成功时的感受，妈妈可以在纸上罗列出表示感情的词语，然后让孩子画圈，这种方法实践起来较为简单。分析成功的原因首先可以给孩子自信，其次可以让孩子拥有做事情的欲望。当孩子找不到成功的原因时，妈妈也可以分析出来告诉孩子，并渐渐地引导孩子自己分析成功的原因。

我们也要分析一下失败时的感受，然后妈妈可以和孩子聊一聊为什么他会有这种感觉。这样一方面可以让妈妈更好地了解孩子的心理，另一方面孩子用语言描述出来以后心情也会放松。

分析失败的原因也会对孩子的抑郁症有所帮助。如果孩子说"我本来就不行"，那么妈妈就应当不断地找出孩子改善的地方，并告诉孩子。妈妈在和孩子进行这种对话时要敏感地捕捉孩子的情感变化。

做游戏之前，应当确立好具体的目标，这样会达到更好的效果。树立"十次中成功几次"的目标会让孩子在做游戏时更有劲头。如果目标太高，就让孩子根据自己的判断进行调节。

### ☆妈妈的治愈对话

- "多亏这次失败，让我学到了新的技术。"
- "我知道玩不好的原因了。"
- "你果然学得很好！"
- "咦，你的技术这么快就提高了。"

## 第五周：给予帮助与接受帮助

下面我们来做一个"请帮助我"的游戏吧。抑郁的孩子尤其不会请求帮助。游戏的方法是两个人轮流说"请帮助我"。（例如：我的腿很疼，请把我背到里面的房间里吧。）

　　＊蒙上眼睛，在搭档的指引下玩"寻找蜗牛"的游戏

　　＊蒙上眼睛，在搭档的指引下吃点心

☆妈妈的治愈对话

- 聊一下帮助别人与接受别人帮助时的心情。
- 当别人拜托自己做一件很难的事情时，要拒绝他，并告诉他拒绝的原因。
- 详细、具体地表达。

## 第七周：探索我的大脑

这次的活动是画大脑构造图。首先画出自己的头，然后用文字与图画表示出现在充满自己的大脑的想法。如果孩子不知道该怎么画，那么妈妈可以先画出脑构造图给孩子做一个示范。然后聊一聊现在妈妈与孩子的脑袋里各有什么样的想法。

画完现在的，再画一下将来的大脑构造图也是很有意思的。想象 10 年后自己的大脑构造，可以让孩子把自己的愿望具体化。

☆妈妈的治愈对话

表扬孩子所画的大脑图，就算妈妈不满意也不要对画做出任何评价。即便孩子的脑海中充斥着游戏，也不要批评他。有的孩子重视、喜欢游戏的原因是

"玩游戏时不会觉得孤单"，这个原因让我们很难禁止没有一个朋友的孩子玩游戏。

- "你画的大脑构造很棒！"
- "原来你的脑袋里充满着这样的想法！"
- "妈妈以前都不知道。"
- "妈妈以前不理解你，对不起。"
- "原来对于你来说现在最重要的事情是游戏啊。"
- "游戏能够安慰你，真是太幸运了。"
- "要是其他有意思的事情能更多地进入你的大脑就更好了。"

## 第十周：了解我的欲望，装饰一个自己想要的世界

妈妈可以从报纸上剪下孩子喜欢的照片或是图画、词语，可以剪下自己喜欢的图片、词语，总之把感觉好的图片、想做的事情都从报纸上剪下来就可以了。

把剪下来的照片和词语贴在绘画纸上或一张大纸上，题目就叫作"我希望的世界"，然后让孩子根据题目自由装饰就可以了。

妈妈还可以让孩子用剪下来的素材编故事，也可以对这些素材进行分类，然后制作出各个国家。总之妈妈要用孩子希望的方式，支持孩子、鼓励孩子，让他们可以自由地表达自己的想法。虽然这个活动只是用报纸进行的一种象征性游戏，但可以让孩子意识到自己想要的、期望的事情。让孩子从无力与抑郁当中解脱出来的最好办法就是让他有想做的事情。孩子在装饰自己希望的世界的过程中，就会忽然意识到"啊！原来我的愿望是这样的！"妈妈的作用是从孩子所表达的事情中找出自己可以为之实现的事情，并帮助孩子体验。

☆妈妈的治愈对话

- "哇，原来你喜欢这种东西啊！"
- "你表达得很棒！"
- "要是真有这样的世界就好了。"
- "你想和谁在这里一起生活呢？"
- "你会在这里面做什么呢？"
- "妈妈可以为你实现其中的一种。"

# 消极的孩子如何懂得积极行动

**妈妈的苦恼：怎么才能让孩子成为积极的人呢？**

我家孩子太消极了，很让人担心。我让他参加班长选举，他说自己坚决不参加，上课也几乎不怎么发言。只要班上要求发言，他肯定会说自己好像肚子疼，装病。孩子这样消极，我很担心他以后怎样在这个世界上生活下去。应该怎么做才能把孩子培养成有领导才能、积极的人呢？

## 关于内向与外向的误解

现在是外向的性格大受欢迎的时代，妈妈都希望自己的孩子性格是外向的，因为妈妈们希望自己的孩子在生活中能够更为积极地引导其他人。但性格内向的人全都很消极吗？难以在众人面前表现、讨厌出头、喜欢安静地站到后面就意味着孩子很消极吗？绝对不是这样的。

大部分人最大的误解就在于认为外向是积极的，而内向则是消极的。外向与内向绝对不是区分积极与消极的标尺，它们只是用来区分人们的能量是从何处得到的，人们关心的焦点是朝向何方等这些特点。

请回答下面的问题。

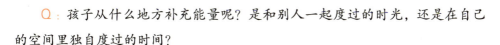

Q：孩子从什么地方补充能量呢？是和别人一起度过的时光，还是在自己的空间里独自度过的时间？

Q：孩子的能量一般都集中在哪些方面呢？孩子是喜欢独自读书、思考、制作东西呢，还是将能量集中于外部的人、事物、活动呢？

Q：什么东西让孩子充满活力呢？是与其他人的相遇，还是独自的思索？

具有外向性格的孩子会从外部的其他人或事物中获取能量，所以他们总是非常关注外部的世界，与朋友在一起时总是充满活力。而内向性格则是以"自我为中心"的，他们具有很强的控制力与自立能力，具有很强的、不同于利己主义的个人主义倾向。他们能量的根源在于自己的内部，所以他们很重视自己的想法与经验，在解决问题时也倾向于依靠自己的力量，他们很关注自己与周围人的关系。

一般来说，性格内向的孩子比性格外向的孩子朋友要少，这容易被人误解为消极、小心眼，或缺乏自己的主张。

性格内向的孩子喜欢将注意力放在自己关注的事情上，由于他们天生的独立性格，在独自工作或自己一个人时也能感到很快乐。虽然他们的朋友可能不多，但他们却能与这少数的朋友结成深厚的人际关系，这是他们的优点。由于他们懂得深入思考，所以他们能够仔细地完成自己的事情。这种孩子只是讨厌在人们面前出头，而对于自己认为重要的事情则会悄无声息却强有力地推进下去。

## 性格内向的孩子消极吗？

小静是一个初中二年级的女生。小静说不喜欢自己总是围着朋友的话打转，而无法表达出自己意见的样子。当朋友说一起去游乐园玩的时候，小静虽然觉得要考试了想复习，但她却无法跟朋友说不想去，所以很勉强地与朋友们一起去了游乐园。有的游乐设施她自己明明不想坐，而朋友要是硬拽着她去坐，她也就跟着去坐了。吃饭的时候也是，她从不会吃自己想吃的东西，而总是吃朋友要吃的东西，小学的时光就是这样度过的。但她觉得自己现在是初中生了，不能再这样继续下去了。她认为如果继续这样，自己以后可能做不成任何事情，最重要的是她开始渐渐搞不清楚自己到底是什么样的人。

小静是典型的内向性格的孩子。虽然她更喜欢一个人待着，但她害怕不跟朋友交往自己会被孤立，所以她无法拒绝朋友。但是和朋友们在一块儿玩的时候，她又不知道自己是谁了，担心继续这样下去，将来自己会做不成任何事情。小静所过的生活与自己的气质相反，所以她的疲惫与烦闷只会不断加深。最终她选择从网上检索精神科和咨询室。注意，不是父母为小静检索了咨询机关，而是小静自己主动地从网上检索，然后告诉了父母。爸爸妈妈一开始的时候受到了强烈的冲击，因为他们认为小静的性格没有那么糟糕，与朋友们也都相处得很好，所以他们觉得小静的成长是没有任何问题的。但当他们得知孩子的心情非常迫切的时候，他们还是委托了咨询机构。下面是我与小静的对话。

小静：我没有办法跟我的朋友说出我的想法，这是不正常的吗？

治疗师：原来你是这么想的，但如果你真的不正常，可能自己会很难察觉到，是不是？

小静：我为什么不能跟朋友说出我的想法呢？我的性格这么消极，真不知道以后该怎样生活。

治疗师：我做了这么长时间的咨询，一个上初中的孩子自己直接从网上检索咨询机关，然后告诉父母自己要接受心理治疗，这种事情我还是第一次遇到。这样的孩子会是消极的吗？

小静：我只是觉得自己很疲惫所以才会这样做。

治疗师：大部分的初中生如果觉得疲惫，只会不耐烦或发脾气，很少有人会像你一样积极地行动起来解决问题。你是因为觉得无法说出自己的想法而认为自己很消极吗?

　　小静:是的。

　　治疗师:我觉得你不是不能表达,只是不想让朋友伤心吧?

　　小静:是的,的确是这样。

　　治疗师:在我看来你是想知道跟朋友说出自己想法的方法,对吗?

　　小静:是的。有这种方法吗? 拒绝朋友时怎么才能不让她们伤心呢?

　　治疗师:当然有。

　　小静:我想我是害怕拒绝朋友之后,她们会讨厌我或孤立我。看来我没有什么问题啊,那么请你告诉我,应该怎样拒绝朋友?

　　小静果然是一个积极的孩子。当她意识到了问题的核心之后,就立刻要求我教给她正确的方法。

## 如何将孩子培养成为积极的孩子

　　要把消极的孩子变成一个积极行动的孩子需要坚持不懈的努力。当孩子鼓起勇气积极行动时,要让他们获得成功的体验,这种成功会成为下面行动的动机。所以,积极行动这件事情在深入孩子的内心之前,妈妈需要支持孩子的行动,帮助孩子获得成功的经验。

　　妈妈对孩子进行评价,让孩子意识到自己擅长什么,需要什么样的帮助。如果孩子鼓起勇气尝试却依然失败了,这时孩子就会更需要妈妈的支持与鼓励。而且,妈妈还需要帮助孩子意识到在这失败的经验里,自己有哪些地方做得很好,通过这种经历自己学到了什么。

　　要让消极的孩子成长为懂得积极行动的孩子,最好是要坚持进行各种活动。

　　恩秀在 8 岁时曾经是一个连冰激凌都不会自己买的消极孩子,但她通过一个个小的经历渐渐地培养起了积极性。上了高中以后,恩秀就懂得在必要时发挥自己的积极性了。高中的第一个暑假，她要去东南亚的某个国家做志愿活动。为了提前了解这个国家，她通过网络与书籍查找了关于这个国家的各种资料与信息。为了了解更多、更为现实的信息，她打电话给了这个国家的领事馆，接电话的是一位韩国职员。

他无法准确回答恩秀的问题，因为他这里并没有很多资料。恩秀和这个韩国职员就该国的各种问题聊了一个小时左右之后，这个职员在挂电话之前这样说道：

"我感觉你好像比我们知道的都多，能不能把你搜集到的资料给我发一份？"

从结果来看，我非常羡慕表现出这么高积极性的孩子，但同时，我对于她小时候的样子印象非常深刻，那时的她绝对不是一个积极的孩子，她曾经非常内向、消极。那么就让我们一起回顾一下懂得积极行动的孩子的成长过程吧。

下面几点是为消极的孩子设计的活动里必须要包含的东西。

* 为孩子树立积极行动的榜样。

* 不对孩子消极的样子进行唠叨。当孩子表达自己的想法或行动时，即便事情再小也要积极地支持。

* 支持孩子进行小小的挑战。

* 祝贺孩子成功的经验，让他对自己进行评价。

* 当孩子失败时安慰孩子，找出孩子做得好的地方和下次需要改善的地方，特别是要积极地表扬孩子的挑战。

那让我们开始行动吧。我们只要从前文提到的70多种活动中找出包括上面5种要素的活动，并加以应用就可以了。

## 将孩子培养成积极孩子的心灵成长 10 周计划

| 周　次 | 活　动 |
|---|---|
| 第一周 | 游戏治疗——通过打破报纸来扫除内心的脏东西（参照 063 页）<br>游戏治疗——将报纸碎片装入塑料袋，做成球玩游戏（参照 064 页） |
| 第二周 | 就像希望的事情实现了一样（参照 141 页） |
| 第三周 | 犹豫不决时的选择方法 |
| 第四周 | 让别人愉悦——逗笑朋友（参照 143 页） |
| 第五周 | 我的擅长之处、自我满意之处、引以为豪之处（参照 102 页） |
| 第六周 | 积极的动机 |
| 第七周 | 你本来就很积极 |
| 第八周 | 通过经验培养积极性 |
| 第九周 | 寻找只属于自己的战略 |
| 第十周 | 制作挑战记录本 |

★第一、二、四、五周用前面已经进行过的方法就可以了。

### 第三周：犹豫不决时的选择方法

首先我们应当认识到自己犹豫不决的性格，然后来了解如何进行选择。

《要不要做》是一个关于总是在犹豫、不能下定决心的主人公"要不要做"的故事。主人公就连非常琐碎的事情都会犹豫着要不要做，他的样子完全代表了消极孩子的特点。因为犹豫不决而给村子里的人们带来损失的"要不要做"觉得以后再也不能这样了，于是他去找了金鱼眼爷爷，并学到了能够简单选择的方法。

金鱼眼爷爷最后告诉他的秘诀是"倾听来自你内心的声音"，因为只有真正意识到自己愿望的孩子才会积极地行动。

☆ 妈妈的治愈对话
- "犹豫着要不要做的时候应该怎么办才好呢？"
- "为了得到你真正想要的东西，你想选择什么？"
- "妈妈怎么帮你，才能更加容易让你感觉到？"

## 第六周：积极的动机

训练孩子，让他意识到自己什么时候想变得积极。
你羡慕的性格积极的朋友是谁？
观察朋友积极行动的时候。
仔细地观察那位朋友的话语和行动，并进行记录。
做一个关于"我能进行的活动"目录。
从最简单的事情开始实践。
评价自己挑战过一次的行动。

☆ 妈妈的治愈对话
- "你羡慕朋友积极的行动，意味着你也想那样做。"
- "朋友的活动中，有哪些是你也能做的？"
- "让我们从简单的事情开始做起吧。"
- "尝试以后感觉怎么样？你有哪些地方做得很好？"
- "如果换一种不同的方法做会怎样？"
- "怎样做事让你觉得最容易？"

## 第七周：你本来就很积极

从孩子以前的行为中找出积极的部分，但主动地站出来说话不算是积极行动。当爸爸看起来很疲惫的时候，自发地给爸爸写一封信，这种行为是积极的行为；在妈妈看起来很疲惫的时候，就主动地过来给妈妈揉肩，这也是积极的行为；当弟弟回来的时候，轻轻地拍打弟弟，安慰他，这也是一种积极的行为。

让我们找出孩子的行为中积极的地方进行表扬吧。当孩子知道了所不了解的自己，就会拥有更强的自信心。

* 找出孩子的语言与行为中积极的地方，激活他的记忆。
* 当孩子意识到不了解的自己时，就会获得更大的力量。
* 孩子曾经积极对待朋友的经历。
* 寻找曾经积极对待老师的经历。
* 从孩子的游戏中制作积极的语言与行为目录。

## 第八周：通过经验培养积极性

在日常的各种状况中引导孩子积极参与。

当孩子读完一本书时，如果他对书的作者有什么想说的话，或是想要给作者写信，就让他向出版社要来作者的邮箱地址吧。既可以让孩子给作者写信，也可以在论坛上发表文章向出版社提出自己的建议，这些活动对孩子都会很有帮助。

孩子在学校外面的活动中的积极经历会让他们印象深刻。

在儿童报纸的论坛上提出自己的问题。

让孩子向自己喜欢的饼干公司提出自己的创意。和孩子一起聊一聊希望自己喜欢的点心怎样改变，并将这些想法在论坛上发表。

在超市更换商品或是退货。

☆妈妈的治愈对话
- 通过新鲜的经验拓宽孩子的视野。
- 激励孩子鼓起勇气。
- 帮助孩子，即便是有小小的困难也要坚持到最后。

## 第九周：寻找只属于自己的战略

所谓的积极性是一种在人与人的关系中自我表达的方法，让我们一起来看一下能够发挥孩子特点的最好方法。

　　* 找出孩子在如下的几种方式中最喜欢的方式。①说话②写作③直接见面④打电话⑤发短信、写电子邮件

　　* 根据孩子的喜欢程度给各个活动打 1 ～ 10 分。

　　* 将分数最高的方式作为交流的第一种方式，并制订具体的实施计划。

　　* 如果孩子认为说话更为简单的话，要判断出对于孩子来说，是直接见面更容易，还是打电话更为容易。

　　* 如果孩子更喜欢见面聊天，那么让孩子每天见一个人，或是一周见几个人，制订类似的具体计划。

## 第十周：制作挑战记录本

我们可以制作一个挑战记录本，专门用来收集孩子挑战积极行动的经历。

挑战记录本是一个记录孩子独立在社区超市里进行计算、退货、换货等新的挑战活动的笔记本，把孩子计算的草稿、照片等贴在记录本上会更有意义。

记录经历的同时也要认真记录下感想与评价。

把妈妈表扬的话写在贴纸上。

如果孩子感觉写作有困难的话，妈妈可以先写上 3 个左右给孩子做示范。

这个挑战记录本可以成为孩子珍贵的档案资料。

### ☆妈妈的治愈对话

- "你进行一个一个挑战的样子真的很棒！"
- "我想把这些东西记录下来，好好地收藏。"
- "文字可以长时间地保存下来，成为一份美好的回忆。"

Part 4

帮助孩子自我疗愈

# 自信心强的孩子会自我治愈

　　和孩子一起做游戏的时候可以故意给孩子制造感觉可以犯规的机会。例如，在孩子掷骰子的时候故意出去接电话，或是出几道简单的数学题，然后故意打错分数。此时孩子们的反应是各种各样的：有的孩子很高兴有犯规的机会；有的孩子会考虑要不要犯规；也有的孩子完全不受影响选择正确的做法，堂堂正正地说出来。这几种孩子谁的自尊心强呢？每个孩子在自己的生活中发生矛盾与危机时会表现出怎样的反应呢？

　　毫无疑问的是，对正确的事物有明确认识的孩子能够堂堂正正、潇潇洒洒地生活下去。那么，很多人就会担心自己的孩子是否具有和选择正确的价值观，并在这种价值观的指导下开展自己的行动生存下去。如果你对此感到不安，你可以跟孩子聊一聊，或让孩子写一篇关于自己的文章。

## 🌸 题目：我喜欢我自己

　　今天，我决定好好地审视一下自己。

　　话说我从来没有写过一篇关于我自己的文章。

　　明明写作的对象是我自己，但不知为何感觉无从下笔，这让我觉得很新奇。仔细考虑之后，我决定从兴趣、学校辅导班、网上学习、生活中的样子、想法等几方面写起。

我最喜欢上学校的计算机课。我每天要去的辅导班规定如果在课程结束后没有通过考试，就要留下来，这让我感到厌烦。网上作业也有很多让我很讨厌的地方，但是我却不讨厌计算机课，我觉得很有意思，我很喜欢这样的自己。

我的业余生活也很丰富多彩。我最近在收集贴画、在管弦乐团演奏、用钢琴弹电影音乐、阅读《绿山墙的安妮》等。尤其是我已经收集了许多贴画，已经有两本了，而《绿山墙的安妮》是为大人写的书，这本书很厚，但我觉得太有意思了，所以已经看到第四册了。

只要是让我感到愉悦的，即便很辛苦，我也会继续做下去，我喜欢这样的自己。

最近因为跟妹妹吵架，心情很郁闷，嗓子也哑了，所以我找到了一种办法。

为了不和妹妹吵架，每过 10 分钟我就会想一下自己曾经对妹妹说的那些糟糕的话。

有人说"语言是一粒种子"，所以即便我再生气，我也必须注意我的语言。

努力不跟妹妹吵架，我喜欢这样的自己。

以前觉得妹妹总是做令人讨厌的事情，但最近我开始觉得妹妹也有可爱和美丽的地方，睡觉的时候我也会拍着妹妹哄她睡觉。我要努力成为一个好姐姐，我喜欢这样的自己。

妈妈也说我抱着妹妹，哄妹妹睡觉的样子最美。

我每天通过网络与参考书将当天学过的东西做成计划表并进行复习。

一开始是妈妈让我这么做的，但后来我发现这样做会让我的心情比较安定，考试时不用临时抱佛脚，所以很安心。我每天都这样遵守着良好的习惯，我喜欢这样的自己。

我不擅长跑步。

所以我向体育老师请教了跑步的方法。

我发现自己挥动胳膊的样子仍然和老师不太一样。虽然我现在胳膊还很细，仍然不擅长跑步，但是我在努力。我喜欢这样的自己。

爸爸说我心情好的时候性格很好。

当我心情不好的时候我也觉得自己有点奇怪。

爸爸的话虽然听起来有点奇怪，但应该是爸爸的真心话。

心情好的时候拥有好的性格，我喜欢这样的自己。

这样仔细地想想，我真的很喜欢我自己。

（四年级，权瑞恩）

对自己认识达到这种程度的孩子肯定自尊心很强。所谓的自尊心是指孩子认识到自己的珍贵，认为自己是值得别人去爱的珍贵存在，相信自己有能力取得某种成就，这种想法就是自尊心。

这种自尊心区别于通过与别人的竞争和比较确认的自尊心。自尊心强的孩子不会因为与别人的比较或是畏惧别人的视线而荒废人生。他们懂得思考、洞察自己，也知道珍惜自己，珍重地对待自己。所以自尊心强的孩子在以后的生活中即便会经历矛盾与挫折，他们也一定会治愈自己并获得成长。

# 自我治愈、成长的孩子的语言

　　妈妈聪明、智慧的培养会让孩子的内心装满美好的语言，美好的语言带来美好的行动。

- "有伤心的事情当然要跟妈妈一起商量啊。"
- "让朋友孤单不是好的行为，我不能够那么做。"
- "帮助别人我自己也会感到幸福，我喜欢帮助别人。"

## 懂得调节感情的孩子的语言

- "我心情不好。"
- "我现在正在生气，以后再说。"
- "我想哭。"

　　调节感情的第一阶段是理解自己的感情，懂得说出自己感情的孩子不会被感情所左右，而会好好安慰自己，然后向好的方向引导自己。

### ☆让心情变好的事情

　　和朋友们去新的地方心情会变好。

　　躺在树底下心情会变好。

> 进行新的想象心情会变好。
>
> 把我知道的事情告诉别人心情会变好。
>
> 做游戏会让我心情很好。
>
> 看照片会让我心情很好。

（二年级，李紫娟）

这种孩子懂得让自己心情好起来的方法，而且这种方法不是消耗性的、破坏性的。他们懂得舒适地放松自己的心情，懂得进行新的思考。他们还懂得帮助别人、教会别人，最终会让自己得到更多的帮助。

既然他们能够理解自己的感情，那么他们就可以自我安慰，给自己力量。伤心、孤单时，悲伤、生气或丢脸时，他们懂得表达出自己的感情。这种懂得调节自己感情的孩子在心情不好时知道如何安慰自己，并重新获得力量。希望他们可以和自己的感情做朋友，就像安慰朋友、给朋友力量那样给自己安慰与力量，渐渐成长为懂得掌控自己感情的孩子。

## ☆ 有生活目标的孩子

当被人问及"你将来想成为什么样的人"的时候，孩子们会怎样回答呢？这里讨论的话题与将来从事的职业无关。无论孩子将来从事什么样的职业，重要的是孩子要有生活的方向。

如果一个人能够在成长的过程中渐渐发展自己儿时的想法与价值，那么将来他的生活肯定会很精彩。

我想成为这样的人。

● 我想自由地生活。我想成为一个必定要达成自己心愿的人。

● 我想成为一个什么都能做好的人。我还想更准确地知道自己擅长什么。

● 我想成为一个擅长打招呼的人。和别人打招呼能让人们变得更亲近，大家还可以相互聊聊天，这样我会感觉很好。

● 我想成为一个有勇气的人。

- 我想拥有立刻能忘记生气、悲伤与抑郁的技术。
- 我想成为一个智慧的、优秀的人。
- 我想成为一个让大家更加爱我、珍惜我的人。
- 我想变得更加勇敢一些。
- 我想更加诚实地对待自己的内心。
- 我想在将来的生活中能够做我自己喜欢做的事情。
- 我讨厌卑鄙的事情，就算是吃亏，我也要讲义气。

　　上面是三年级的孩子们说的话，他们的话与成人没有什么不同。孩子们的语言证明他们正在寻找自己生活的方向，正在形成自己好的价值观。懂得表达自己生活状态的孩子会有明智的选择，他们也会喜欢那样的自己。

## ☆集中投入的孩子的语言

- "时间这么快就过去了？"
- "我再做一小会儿。"

　　真正感受到学习乐趣的孩子说出的话和迷恋电脑游戏的孩子所说的话一模一样。只有投入学习当中的孩子才能说得出"想再学一会儿"这样的话。

　　一个初中生在考试前一天做习题集，并让妈妈给他打分。快到12点的时候，妈妈开始犯困了，于是妈妈说："我现在不想做了。"但孩子却合起双手求妈妈，他这样跟妈妈说道："妈妈，再坚持一会儿，等把下面的习题集打完分您就可以去睡觉了。"孩子只有感受到学习的快乐并自觉进行学习才能说出这种话。

　　"请教教我这个。这是怎么做的？为什么这样？""即使题目再难我也想做。""我想挑战一下。""太简单的没有意思。"

　　当孩子充满好奇心时他们会这样说话，我们应当帮助孩子使他们能继续说出这种话。好奇心是学习的动力，有动力的孩子会很享受学习过程，享受学习的孩子在遇到困难的任务时会充满挑战意识。能够经常说这种话的孩子会随着成长，体会到一辈子学习的满足感。

孩子的语言来自妈妈。孩子学习到的健康的语言会带来健康的心理，经常接触到积极语言的孩子会做出很多积极的行动，经常接触消极语言的孩子在不知不觉间会经常发脾气或愤怒。能够自我治愈并成长的孩子，他的语言不是自动产生的。即便我们的孩子现在还不会使用这种语言，也不要失望生气。只要从现在起使用更多的好语言，给孩子讲更多好的语言就可以了。当我们看到其他成长优秀的孩子会很羡慕，但是不要停留在羡慕的阶段，希望大家至少有一次使用好的语言与孩子沟通的经历。

# 懂得学习的快乐的孩子

### 自行车

星期一吃早饭之前，我和哥哥一起去骑双轮自行车了。

因为是第一次骑双轮自行车，所以我很害怕。

因为是第一次骑，所以担心我会摔倒。

但幸运的是在摔倒的时候哥哥扶住了我。

我因为很努力地练习，所以受了很多伤。但是作为补偿，我能很好地骑自行车了。

虽然我很讨厌让我受伤的自行车，但是它也让我的心情很爽快，所以也很不错。

骑着自行车回到家里以后，妈妈给我处理伤口。

这时妈妈说道：这伤口是光荣的伤口。

光荣的伤口，光荣的伤口，我的大脑一下子呆住了。

我第一次知道这居然是光荣的伤口。

这种说法让我感到很新奇。

虽然一开始我觉得很新奇，但后来我思考了一下又觉得很满足。

下次我要继续练习，然后和哥哥比赛骑自行车。

虽然我还有很长的路要走，但我一定要通过努力赢过哥哥。

这是因为哥哥在我练习的时候在一边故意妨碍我。

（三年级，李真元）

209

这个孩子学习了骑双轮自行车，虽然她也很害怕，但是她尝试着去学习，甚至不惜受伤，最后她终于学会骑双轮自行车了。这是每个人都要经历的过程，要让这种经历成为内心的财富，就需要妈妈的作用。当妈妈告诉孩子这是"光荣的伤口"时，孩子觉得很新奇。她不断地咀嚼这句话，不断地思考，然后感觉到了一种满足感，孩子的想法就是这样不断成长的。她甚至还想到了下次要更加努力练习，产生了要赢过哥哥的目标意识，这就是孩子心理成长的过程。

"学习"这个词并不只限于学校、辅导班，懂得学习乐趣的孩子，在学习时能够主动行动起来。虽然大部分孩子很讨厌做作业，但并不是全都这样。即使要在学校与辅导班度过整天的时间，被压抑在作业与学习的负担里，也并不意味着所有的孩子都讨厌学习。有的孩子喜欢学习，而且想要学得更好。

所以，现在做得好或不好并不是重要的问题。在孩子现有的水平下，享受学习，即便投入的时间很短也没关系，因为孩子懂得投入这件事情本身很重要。孩子都迫切地希望自己学习好，成为一个优秀的人。所以他们希望大人能够好好教他们，引导他们。

善真上三年级了，她曾经和其他的孩子一样讨厌做作业。当然她也会勉强自己去做作业，但并不知道为什么要做作业。"我讨厌做作业。好累。考试考得不好。"她这样说着，一副很伤心的样子。

"只要能读出孩子想要学好的心理，孩子自己就会感受到学习的快乐。"善真的妈妈决定实践这句话。所以，她读出了在孩子心灵的一个角落里蜷缩着的"我想好好长大，我想好好学习"的心理。

"原来你是有想好好表现的啊。"

"你本想努力学好，但是结果不理想，所以很难过吧。"

听到妈妈这么说，孩子开始说道：

"嗯，我都上三年级了，我应该自己主动学习的……"

"我在学校里有认真听讲，简单的练习题就可以不用做了。我觉得我应该做一些难的练习题。"

　　"我想好好学习，而且要是我学习好的话妈妈就会很开心，那么我的心情也很好。"

　　"我要是学习不好，老师就会想，这孩子学习不行，我不喜欢老师这样想。"

　　自从妈妈跟孩子说了"原来你是有想好好表现的啊"这句不让孩子有负担的话之后，孩子开始主动学习了，也开始懂得了区分不需要再进行复习的部分和应该继续学习的部分，妈妈再也不需要告诉她学什么了。

　　"妈妈，越是简单的加减题我越容易出错呢，看来我得练习一下。"

　　"我们班的同学只要做完一本习题集然后拿给老师，老师就会给检查，如果做得好老师还会表扬。我也要做。"

　　"我本来说好要做的，结果没有去做，我很伤心。"

　　"下次再做决定的时候要慎重一点。"

　　孩子自己做选择，并为了坚守这一选择而努力，最后对结果进行评价，寻找更适合自己的东西。孩子通过这样的方式寻找适合自己的学习方法，并享受学习的过程。

　　如果自己下定决心开始学习，孩子就不能用"集中精力"来形容了，而应该称为"投入"，孩子在投入时脸上会泛起红晕。孩子尽情玩耍时绽开的笑颜当然很美，但是孩子投入学习当中的样子更为美丽，也更有价值。

　　懂得学习的快乐并投入学习中的孩子，他们的语言是非常乖巧美丽的。

- 我喜欢我自己。因为当我得了100分的时候，我感觉自己很聪明。
- 就算视力变糟糕要戴眼镜也没关系，因为这是我努力学习的结果。
- 就算我爬黑板时做错了也没关系，因为下次我肯定会改正过来的。
- 我喜欢学习到新知识的我。
- 我喜欢努力的我。
- 我要是不学习的话学习成绩会一落千丈，那么我的心情也会一落千丈。父母会批评我，老师也会失望，我非常讨厌这样，所以我下定决心好好学习。

# 自己懂得学习的孩子

妈妈问上四年级的中元和上二年级的弟弟成元，为了自己以后能更好地成长，想要学习什么东西。为了便于理解，妈妈给他们讲，就像想骑自行车的时候就得学习骑自行车的技术一样，要学习的东西可以称之为"心灵的技术"，这样才会成为更优秀的孩子。两个孩子认真地思考后，说出了自己真正想学习的技术。

**成元想学习的技术与学习后的好处**

| 想学习的技术 | 学好技术后的好处 |
| --- | --- |
| 想学习背诵乘法表的技术 | 会受到老师的表扬。<br>可以获得个人贴画。<br>集齐贴画可以获得优惠券。<br>可以在朋友面前展示。<br>在解题时会变得更为简单，能得 100 分。 |
| 想学习遵守时间的技术 | 遵守学习时间就可以看电视。<br>遵守上辅导班的时间可以受到妈妈的表扬，也可以获得老师的表扬。 |

妈妈和成元一边聊着遵守时间的技术，一边提问。妈妈问成元早早地去辅导班准备好的时候和中途进去时候的心情有什么区别，孩子回答说"稍微"有点区别。

为了更好地了解孩子的心理，妈妈继续提问。

妈妈：你为什么不遵守去辅导班的时间，却很遵守游泳的时间呢？

成元：游泳呢，要是错过公交车不是就不能游泳了吗？

妈妈：准时完成作业时，你的心情可以打多少分？

成元：100 分。

妈妈：准时上辅导班时可以打多少分呢？

成元：58 分。

妈妈：提前准备好要带的东西和书包时的心情是多少分呢？

成元：65 分。

妈妈：妈妈没想到你对遵守上辅导班时间的满足度不高啊，为什么呢？

成元：反正就算是迟到，老师也会再给我讲一遍的。

孩子对上辅导班迟到的问题有正当的理由。即便如此，孩子还是喜欢得到妈妈和老师的表扬，所以下决心以后要学习遵守时间的技术。

### 中元想学习的技术与学习后的好处

| 想学习的技术 | 学好技术后的好处 |
| --- | --- |
| 想学习帮助被孤立的同学的技术 | 可能会有一种帮上忙了的心情。<br>会觉得自己给了那个同学力量。<br>觉得自己的行为是正确的，会感觉很好。<br>虽然首尔没有被孤立的同学，但是京畿道可能会有。 |
| 想学习把电视关掉做作业的技术 | 能够控制娱乐的欲望，所以很好。<br>获得妈妈的表扬，所以心情很好。 |
| 想学习把东西放回原位的技术 | 会让整理变得容易得多。<br>花在找东西上的时间会变短。<br>容易记住原来放的地方。<br>再找的时候可以既容易又迅速地找到。 |
| 把冰激凌皮儿扔到水槽中的技术 | 桌子上会变得很干净。<br>在别人家里也可以处理得很好。（可以扔到水槽里，或是询问家里有没有袋子。）<br>不会招苍蝇，所以自己的家也可以很干净。 |

　　两个孩子都准确地表达了自己想学习的东西，那么中元和成元最终能够学好自己想学的东西并获得成长吗？答案是肯定的。因为他们不是在父母与老师的强硬要求下学习，而是自己主动想学，明白学习后会对自己有益，这样的孩子不会错过自己的想法。

　　他们都确定了自己生活的方向，考虑了自己所想成为的人，所以他们的心中有美好的人生蓝图。希望我们所有的孩子都能成为自己生活的主人公，学习各种技能并获得成长。

# 治愈孩子，妈妈也会成长

彩敏上四年级了，她还有一个 5 岁的弟弟，她的妈妈决定学习心理咨询。但让妈妈惊讶的是，在学习孩子的心理咨询与心理治疗的过程中居然还需要首先接受父母角色教育。因为她学习的本来目的是成为读书治疗师，所以她才会有这种感觉。她认为自己没有像其他的父母那样逼着自己的孩子学习，算是比较坚持让孩子们自由成长的，天气好的时候总是出去游玩。在生下老二以后她也铭记"生下弟弟妹妹后，要对老大更好"的话，很用心地不让老大感到缺憾，所以她才会对应该接受父母教育这一点感到很惊讶。

但是当她听到老大生气地说"妈妈看弟弟的眼神和看我的眼神不一样"的时候，她的想法稍微改变了一些。其实她自己也意识到了，在不知不觉间，她总是对老大强颜欢笑，而对老二则是自然地绽开笑容。她认识到了自己的这种做法可能对老大是一种伤害。

以前的时候她虽然觉得自己比较理解孩子，但在认为该严格的时候也会对孩子们严格一些，有时候也会惩罚孩子，让他们举着手站着，也会一年一次地拿起鞭子。在她接受父母角色教育的同时，也学会了揣摩孩子的心理，安慰孩子的心灵。

但有一天老大的情绪忽然爆发了。

彩敏：如果我那样做你早就批评我了，为什么你不批评弟弟？

妈妈：妈妈让你伤心了。

彩敏：这可不仅仅是伤心的问题。

（孩子一边哭着一边说道。妈妈看到孩子反应这么大，感到惊慌失措。她回想了一下，觉得确实有时因为弟弟年幼，又是老二，所以无论他做什么事情，都顺着他，不像老大小时候那样加以严厉的批评。当她忽然意识到老大的话是正确的时候，差点脱口而出"妈妈也会再批评弟弟的"。幸运的是妈妈坦率地说出了自己内心真正的想法。）

妈妈：妈妈现在正在接受父母角色教育，学习读书治疗，所以变得和以前不一样了。妈妈对弟弟不会再像对你小时候那样了，但是妈妈保证以后会对你更好的。你小的时候妈妈不懂，以为必须严格对待你才行。

（妈妈说完之后老大忽然哭了起来，看来是这一段时间的委屈都爆发出来了。然后妈妈把老大抱在怀里一起哭了起来。老大似乎被妈妈的话感动了，于是她说道——）

彩敏：妈妈，你要是在我小的时候学习读书治疗就好了。

从这件事情以后，妈妈与孩子都有很大的变化。妈妈之前错误地认为自己很了解孩子的心理，但现在她完全明白了通过猜测孩子的心理来揣摩孩子和坦率的沟通之间的差距。

有一次彩敏一家人去爬山游玩，山里的寺庙在举行一个活动，就是在瓦片上写下自己的愿望，然后捐赠一万韩元。彩敏看到这个活动以后表示自己也想参加，但之前去庆州游玩的时候参加过这个活动。

妈妈：上次不是参加过了吗？

彩敏：那我还想参加。

妈妈：（对爸爸）孩子说想参加这个活动。

爸爸：怎么又要参加这个啊？

妈妈：孩子说想参加嘛。

爸爸：是吗？那就参加吧。

彩敏：算了，我不参加了。

妈妈：参加吧，让你参加。爸爸也同意了，参加吧。

（孩子说自己不参加了，并且不耐烦地转过身子走到一边去了。

"哎，你自己说想参加的，结果让你参加却摆出那副样子？"结果孩子发起了脾气，说自己不参加了，语气哽咽。妈妈也火了，不知道孩子为什么会这样，最后爸爸也生气了。

"自己说要参加的，结果让她参加她怎么又这样？"

妈妈沉下心来，决定好好尝试一番。她来到独自前行的孩子身边，平静地询问孩子。）

妈妈：因为你说想参加，爸爸妈妈才让你参加的，为什么又说不参加了呢？

彩敏：因为你们不想让我参加，所以我也不想参加了。不是因为生气，而是因为没有想参加的心情了。但你们却总是让我参加，所以我就不耐烦了。

妈妈：原来如此。假如你的心情满分是100分的话，你现在的心情是多少分？

彩敏：20分。

妈妈：那等你心情成为100分的时候就告诉我。

（孩子一直踩着落叶独自闲逛，大概3分钟以后）

妈妈：现在多少分了？

彩敏：60分。

妈妈：提高了不少啊。等到100分的时候就告诉我。

（过了好一会儿，妈妈再问她的时候她回答说是99分。）

妈妈：还差1分啊。

（听了妈妈的话，彩敏好像要捉弄妈妈似的促狭地笑了起来。这时妈妈抓起她的手，让她在落叶上打滑，于是彩敏的笑容变得更加灿烂了。）

妈妈：现在是100分了。

有一天，妈妈开车带着孩子们走在路上，忽然有一辆车挤了过来，妈妈很生气。结果彩敏说："妈妈，看来你生气了，因为那辆车。"妈妈因为女儿的这句话，愤怒一下子都消失了，甚至还感觉有些不好意思了。

妈妈还给彩敏讲了自己小时候经常因为妹妹感到疲惫伤心的故事，彩敏听完后说：

"妈妈，你当时很辛苦吧！你这个老大有很强的责任感。"

听了孩子的话，妈妈内心深处凝结的热流一下子喷涌而出，流下了眼泪。虽然女儿还很小，但她却好像抚慰了自己的心灵，让她有种想依靠的感觉。妈妈与彩敏之间的良好的沟通既治愈了孩子，也治愈了妈妈。于是相互治愈的妈妈与孩子开始一起成长。

**给妈妈的小贴士**

## 爸爸的强力心理治疗

　　爸爸对孩子的影响很大，他们可以给孩子的心情充电。虽然孩子与爸爸待在一起的时间很少，但对于孩子来说爸爸无疑是最可靠的。坚强有力、可靠的爸爸，他的每一个动作和每一句话都会在孩子的心里留下深刻的印记。所以，爸爸为孩子做心理治疗可能会有更大的效果。哪怕一个星期甚至是一个月只有一次，爸爸也要努力成为世界上最棒的爸爸。用爱为孩子的心情充电，爸爸的心理治疗会成为孩子心里最可依赖的能量。

### 爸爸的治疗游戏

　　爸爸躺着用两只脚给孩子坐飞机，或趴下让孩子骑马，或抓起孩子的胳膊转圈，或让孩子坐木马，或让孩子长时间抱着爸爸的胳膊，或和孩子一起掰手腕，或一下子抱住所有的孩子等。

　　只有爸爸才能做得了的身体游戏具有很好的效果，这种经历会成为孩子一生当中最为幸福的记忆。游戏的时间每次 10 分钟就足够了，爸爸只需要尽自己的力量陪他们玩耍。当然孩子仍然会要求和爸爸再玩一会儿，甚至会无休止地让爸爸陪自己玩，如果爸爸体力不支，完全可以停止。重要的是，在游戏结束了以后，爸爸要把孩子抱在怀里和他们聊天。即便孩子还没有玩够，和爸爸聊天也可以让他们获得心理的满足感。这样，爸爸幸福地陪他们玩耍、爸爸陪他们聊天的记忆就会给孩子留下深深的烙印。

　　只要让孩子觉得"我爸爸是最棒的"就足够了。

　　"爸爸这样陪你玩儿，你开心吗？"

　　"爸爸也很喜欢这样陪你玩儿。"

"爸爸因为不能经常这样陪你玩儿而感到很抱歉。"

"你知道在这世界上爸爸最爱的人是你吧？爸爸爱你。"

### 跟孩子分手时和见面时，一分钟对话法

大概没有人不知道《爸爸上班亲亲》这首歌吧，小孩子们在听这首歌以后，都会在爸爸要上班的时候过来亲亲爸爸。虽然现在这首歌不再流行，但你仍然想成为一个能保护孩子心灵的可靠的爸爸的话，那就充分利用上下班时的一分钟吧。

### 上班时紧紧地抱住孩子

"爸爸爱你，我的××，希望你今天能够过得愉快幸福。爸爸也会努力工作，然后下班回来陪你。"

如果爸爸去上班的时候孩子还在睡觉，请亲吻孩子的脸颊，然后留下证据。既可以留下一张纸条，也可以让妈妈拍下照片，然后给孩子看。重要的是让孩子知道爸爸很爱他，也很关心他。对于孩子来说，根本不存在"不说也明白"的情况，只有把自己的爱表达出来，他们才会明白。

爸爸在下班前最好先做好心理准备。当你打开玄关门的时候，家里的景象大概和你自己所期待的有很大的差距。因为孩子们可能在打架，家里可能是一团糟。

如果你期待不现实的温馨之家，就会在回家的瞬间涌上不耐烦的感觉。那么，与孩子见面时就会以训斥的话开始了。

爸爸刚下班一分钟的行为经常会决定孩子们当晚的心情。请你投资一分钟的时间，创造出幸福的夜晚时间。

　　当孩子呼喊着"爸爸"并跑过来的时候，请爸爸同样呼唤着孩子的名字，展开双臂拥抱他。如果爸爸回来了，孩子却仍然一脸不高兴地坐在那里，这时爸爸就可以先温柔地呼唤孩子的名字，然后过去抚摸孩子的肩膀。"我家的 ×× 看起来不太高兴啊，是谁惹你不高兴了？爸爸批评他。"

　　如果孩子还很小，那么有可能他会在爸爸一回家还没来得及换衣服的时候就缠住爸爸，让爸爸陪自己玩。这时爸爸可以这样说：

　　"你想和爸爸一起玩啊，爸爸也想。但是爸爸现在有点累，等爸爸梳洗完、换完衣服然后休息一会儿再陪你玩儿好吗？8 点钟在客厅见。"

　　如果孩子还不会看表，可以用贴纸给孩子标出来。孩子即使很小，他也完全可以产生自控能力等待爸爸。


### 与爸爸进行有深度、有广度的对话

　　因为男女的区别，爸爸妈妈和孩子对话的方式与内容有很多不同。妈妈会很细心，会在意一些小事，但爸爸一般则能看得更大、更宽。所以，用更大、更宽的视野看待这世界的爸爸，经常说话给孩子听吧。

　　这种话与唠叨、批评的层次是不同的。孩子会通过爸爸的话获得一些认识，也可以通过爸爸的话获得战胜困难的力量。爸爸气势磅礴的话会让孩子拥有气势磅礴的心灵。

### 传授爸爸的专业

每个爸爸都是有自己的职业的，请爸爸们把职业的特殊、专业性传授给孩子吧。孩子们都非常关心爸爸所做的工作，所以爸爸们可以用孩子能够理解的语言告诉孩子自己所做的工作，并从一些小事开始向孩子传授自己的技巧。孩子通过向爸爸学习、了解这个世界之后，就会油然产生一种作为"爸爸的儿子，爸爸的女儿"的自豪感。这种自豪感会成为孩子的自信与自尊，并发展成为使他们在世界上成熟地生活的力量。

给妈妈的小贴士

## 治愈孩子伤口的妈妈实践 10 戒律

1. 和孩子一起笑。

2. 学会揣摩孩子的感情，可能的话找到并揣摩出孩子的核心感情。

3. 揣摩孩子的想法。找出孩子积极的意图，告诉孩子"原来你想××啊"。

4. 当孩子成功时要充分地表现出自己的喜悦，并祝贺孩子。

5. 当孩子失败时，无论结果如何，都要对孩子的努力与决心进行表扬。

6. 找出孩子的优点。例如坦率、勇敢、有自控力、不轻言放弃、有战胜诱惑的力量等，找出这些在孩子行动时内心深处发生作用的优点。

7. 偶尔感动孩子。

8. 让孩子成为主人公。

9. 尊重孩子的意见，让他认识到自己是重要的人。

10. 向孩子请求帮助。